不能忘却的记忆

——芜湖抗日战争档案文献资料选编

芜湖市档案局（馆）　编

安徽师范大学出版社

·芜湖·

责任编辑:孙新文　韩　敏
装帧设计:桑国磊
责任印制:郭行洲

图书在版编目(CIP)数据

不能忘却的记忆:芜湖抗日战争档案文献资料选编/芜湖市档案局(馆)
编. — 芜湖:安徽师范大学出版社,2015.8 (2025.1 重印)
ISBN 978-7-5676-2125-1

Ⅰ.①不… Ⅱ.①芜… Ⅲ.①抗日战争 – 史料 – 芜湖市 Ⅳ.①K265.06

中国版本图书馆 CIP 数据核字(2015)第 196640 号

不能忘却的记忆:芜湖抗日战争档案文献资料选编
芜湖市档案局(馆)　编

出版发行:安徽师范大学出版社
　　　　芜湖市九华南路189号安徽师范大学花津校区　邮政编码:241002
网　　址:http://www.ahnupress.com/
发 行 部:0553-3883578　5910327　5910310(传真) E-mail:asdcbsfxb@126.com
印　　刷:阳谷毕升印务有限公司
版　　次:2015 年 8 月第 1 版
印　　次:2025 年 1 月第 2 次印刷
规　　格:700×1000　1/16
印　　张:14.25
字　　数:204 千
书　　号:ISBN 978-7-5676-2125-1
定　　价:59.00 元

编写说明

2015年，是中国人民抗日战争胜利暨世界反法西斯战争胜利70周年，为迎接法定的9月3日中国人民抗日战争胜利纪念日，铭记历史、缅怀先烈、珍视和平、警示未来，进一步弘扬爱国主义精神，凝聚民族团结力量，同时更好地发挥档案资政、存史、育人的作用，芜湖市档案局（馆）通过挖掘馆藏档案、报纸资料以及其他相关文献，组织编撰《不能忘却的记忆——芜湖抗日战争档案文献资料选编》，以飨读者。

一、本书围绕芜湖抗战主线，以安徽省档案馆、芜湖市档案馆旧政权档案、《新华日报》（1938年—1945年）以及其他文献资料为依据，整理编纂而成，具有较强的原始性、真实性和准确性，充分尊重历史事实，真实还原历史原貌。

二、本书主要由"沦陷篇"、"战斗篇"、"胜利篇"和"附录"4个部分组成，每个篇章下组织专题文章，并配有档案资料图片，以文释档，以档证文，具有较强的可读性和吸引力。附录摘选《新华日报》上关于芜湖抗战的相关报道，作为资料供读者参考。

三、本书所展示的档案资料图片，多数是第一次公开展示，通过档案资料的铁证，更加直接地揭露日本军国主义的罪行，反映芜湖人民在抗日民族统一战线下英勇抗战的历程。

四、由于历史原因，部分档案资料散失，致使档案资料数量有限，且不系统，有些地方很难全面反映历史的客观面貌，读者如有线索望提供。另由于年代久远，部分档案资料字迹模糊，为了保持档案史料的原貌，未作处理。档案标题基本从原文，为帮助读者理解，部分经编者改拟。对档案资料残缺处标以"□"。以上给读者带来不便，敬请原谅。

五、本书由夏冰馨担任主编,丁瑜负责统稿。本书的撰稿人为秦建平、张照军、刘传汉、李先明、龚英柏、徐陵、张一尘。由于水平有限,不足之处,敬请指正。

目　录

1

目 录

附 录

序　言

在中国人民抗日战争暨世界反法西斯战争胜利 70 周年之际,《不能忘却的记忆——芜湖抗日战争档案文献资料选编》付梓出版了。这是芜湖党史工作取得的又一成果,不仅具有重要的存史价值,也是对革命先烈的最好纪念。

岁月的年轮沉淀了斑驳的痕迹,历史的记忆留下了悲壮的回声。70 年前,中国人民经过艰苦卓绝的抗战,打败了日本军国主义侵略者,取得了抗日战争的伟大胜利,结束了中华民族 100 多年任人宰割的屈辱历史。伟大的中国人民以最顽强的抵抗,最惨痛的牺牲,直接影响了世界反法西斯战争的成败。而在这段难忘的历史中,同样保留着关于芜湖的记忆。

翻开《不能忘却的记忆——芜湖抗日战争档案文献资料选编》一书,我们强烈地感受到,70 年前不屈不挠的芜湖人民波澜壮阔、可歌可泣的抗战历史。1937 年 12 月,日本侵略者用飞机和炮火,攻陷了芜湖城池,在武力屠戮的同时,他们通过掠夺资源、扰乱金融、奴化教育等手段,企图"摧残中国人体质、瓦解中国人精神";1938 年,叶挺率部进驻南陵;1939 年,谭震林指挥开展了五次繁昌保卫战;1941 年,新四军第七师在无为宣告成立,并建立皖江抗日民主根据地。父子岭伏击、官陡门奇袭、奎潭会战、十连乡反扫荡……历史之笔,在青弋江畔,记录下侵略者的暴虐和疯狂,也写就了芜湖军民的团结与血性。书中所选的档案文献资料,是中国共产党领导芜湖人民进行革命的重要历史见证,是我们学习党史的生动课堂,是我们永远不能忘却的红色印记。

仰望历史星空,纵览江城大地,正是由于一代又一代芜湖人在党的领导下,前仆后继,不懈奋斗,才取得了革命建设事业的伟大胜利,才开创了改革开放和现代化建设的光明图景。今天,我们共同纪念中国人民抗日战争暨世界反法西斯战争胜利70周年,研究芜湖抗战历史,编撰《不能忘却的记忆——芜湖抗日战争档案文献资料选编》,目的就是本着对历史负责、对先辈敬仰的精神,为大家提供一把了解、研究芜湖抗战历程的"金钥匙",一本开展爱党、爱国、爱芜湖教育的"活教材",力求阅之可培育乡土情感,可砥砺爱国情操,可增强民族自豪。希望全市各级党组织和广大领导干部透过历史档案里的记忆,弘扬不朽的抗战精神,不忘历史、不忘使命,更好地指导今天的工作,开创明天的事业。

让我们铭记曾经的坎坷与沧桑,传承先辈的光荣与梦想,担负时代赋予的责任与使命,同心同德,群策群力,为推进芜湖改革发展而努力奋斗!

是为序。

高 登 榜

2015 年 8 月于芜湖政务文化中心

沦陷篇

1937年7月7日,卢沟桥事变发生,日本发动了全面侵华战争。为了占领芜湖,围攻南京,10月5日,日机偷袭了芜湖近郊湾里军用机场。12月5日、7日,日军出动轰炸机群猛烈轰炸城区。1937年12月10日,芜湖沦陷。日军以芜湖为基地,发动对皖南及江北地区的侵略。芜湖人民挣扎在日军的刺刀和铁蹄之下,长达八年之久。

芜湖"德和轮"惨案与邓长春之死

　　1937年7月7日,侵华日军制造卢沟桥事件后,对我国大举入侵。为了达到占领国民政府首都南京的战略企图,同年8月13日,日军在上海向中国军队发起大规模军事进攻,在经历了三个月的激战之后,终于占领上海,随后即兵分三路,直逼南京。

芜湖城隍庙被日军飞机轰炸后惨状

　　在侵华日军的战略企图中,芜湖是一个重要战略目标。因为芜湖与南京同处长江南岸,两地相距只有96公里,历来都被认为是南京的重要屏障之一,也是国民政府首都西迁的咽喉之地,战略地位十分重要。而占领芜湖,切断南京与武汉、重庆的联系是日本侵略者战略意图中的一个重要环节。

　　侵华日军在攻占上海后,一方面加快陆路向芜湖推进的速度,另一方面为了减少占领芜湖的阻力,他们利用空中优势,加强了对芜湖的袭击轰炸。1937年10月5日,日军首先轰炸了芜湖近郊的湾里机场,炸毁停在机场的飞机十余架,仓库一座,机场全面瘫痪,失去了对淞沪会战空中支援的能力,芜湖也随之成为一座没有空防的城市。同年12月5日、7日，日军飞机又两度轰炸芜湖，重点是车站码头及城市市区，造成众多人员的伤亡和财产损失。其中停泊在芜湖码头的英籍"德和轮"被炸，震惊中外。在"德和轮"上，因被炸导致沉船造成旅客、市民死亡数以百计，其中就有芜湖一等邮局的划夫邓长春。

邓长春是芜湖一等邮局的一名划夫，由于冬季枯水季节，江中水位较低，来往的客运轮船往往不能停靠码头趸船，只好在江中抛锚，等候其他小船（艇）往返接送旅客、邮件。邓长春和同事们的任务是每日划船到不能停靠码头趸船而停泊在江中的客运轮船上，接送邮件。1937年12月5日，邓长春和同事们接受的任务就是护送一批邮件到"德和轮"上，并将"德和轮"上运到芜湖的邮件接下来，送回邮局。

"德和轮"属于设在芜湖的英商怡和轮船公司（亦称"怡和洋行"），是主要航行在上海至汉口之间的长江客货班轮。"八一三"淞沪会战爆发，导致汉申航线受阻，只能在南京至汉口之间航行营运。

1937年12月5日，"德和轮"由汉口运载旅客和货物驶往南京，途中停泊芜湖码头。由于是枯水季节，轮船不能停靠趸船，只好在江中抛锚，由小船（艇）接乘客、货物上下船。当时"德和轮"悬挂着英国国旗，船体也漆有英国国旗，其中"EWO"（"怡和"的英文缩写）的巨型白字十分醒目。当时日本与英国尚未开战，因此，英国籍轮船理应受到国际公法的保护。此时的"德和轮"，在数以千计逃难的市民眼中，俨然就是救苦救难的诺亚方舟。在船上人员和码头人员的指挥协调下，上下船的旅客、货物在十分忙乱但还基本有序的环境中各得其所。

邓长春和同事王长金、潘利明此时正在码头上紧张工作着，把芜湖寄往外地的邮件送上船，运到设在安庆的省邮局再行分拣派送。同时将"德和轮"上外埠寄往芜湖的邮件卸下来，送回邮局分拣派送。此次发送的邮件，除了有正常发出的邮件外，还有一部分邮品。其中包括印花税票3000元及邮票13500元，共装两袋；二分半明信片

120包，价值3000元，共装四袋；印花税票3800元，共装一小袋；邮票1765元，共装一小袋，以上八袋共计值25065元。另有水阳邮局委托芜湖一等邮局转交省邮局（位于安庆）的邮件两袋、票纸邮品一袋。由于日军攻占上海之后，一路兵马直指芜湖，芜湖陷于极其紧张的气氛中，为了尽快转移这批邮件，芜湖一等邮局的员工们早早地将其打包，等候途经芜湖的航班轮船，以期尽快运离芜湖。

当得知"德和轮"于12月4日从汉口发出，5日早上即可到达芜湖码头后，芜湖一等邮局局长谢德轩即指派邮务佐蒋容大负责押运，邓长春、王长金、潘利明等人协助。由于当时难民太多，"德和轮"由南京上水返回汉口时不再停靠芜湖码头，所以谢局长就于4日晚11时许，将以上票纸八袋连同水阳局寄存票纸一袋（因水阳邮局的邮袋既小且轻，于是就将其装入一个航空袋），交给负责押运的蒋容大点收，并命令他于"德和轮"抵达芜湖码头时，押往装运，局里并于当时预付蒋容大往返旅费50元。

12月5日中午，"德和轮"姗姗来迟，望眼欲穿的人们如潮水般地涌向该船。蒋容大即命邓长春等三人划船将邮件及票袋送往"德和轮"。在靠上"德和轮"后，根据分工，邓长春留守小船，王长金先携邮票、印花各一袋及水阳局委托转交的邮件航空袋，送至轮船邮政间暂放，潘利明则携快信三袋送至楼上，并接收该轮交芜湖邮件三十六袋，随即卸到邓长春看守的划船上，以便运往邮局。说时迟那时快，邮件刚刚才卸下，即有炸弹轰然一声，各人顿时停止工作，四处观望。不意又落一弹，炸片飞来，划夫邓长春不幸中弹，身受重伤，倒卧血泊中。而飞机仍盘旋空中，伴随着飞机的轰炸，还有机枪的扫射，情况十分紧急，也十分危险。此时王长金尚在船上邮政间，由于落在邮政间外的炸弹系烧曳弹，邮政间旋即被焚，浓烟回绕，票袋已无法抢救，王长金遂赶紧下船，逃向划船停靠之处。而蒋容大此时也赶紧跳上划船，指挥撤离。不料又有一枚炸弹落在划船边水中，激水丈余，将蒋容大震堕江中。当时无法捞救，大家认为蒋容大必死无疑，于是王长金遂解开划船上所系之绳，开往他处，避免划船倾覆。所幸的是,蒋容大因略知水性,顺水漂流,后被一艘途经芜湖的小轮"储亨号"水手救起,幸免于难。当时救起时,蒋容大已昏迷,经过抢救方才苏醒。并于7日抵达安庆,到省邮局报到并呈报遇险情形。同时,未及时送上"德和轮"的其余六袋票纸邮品,侥幸得以保存完好,而潘利明从"德和轮"上接收下来的三十六袋邮件也侥幸得以保存完好。

事件发生后,芜湖一等邮局局长谢德轩即偕监察员陈楚豪前往出事地点察看,在邮件划船之内,确实未见王长金所携带的两小袋邮票、印花及水阳局寄存的邮件票纸。谢德轩于民国二十六年(1937年)十二月二十九日给安徽省邮政管理局的呈文中列举了损失清单。退缴票纸时因德和轮被炸,烧毁票款共计5565元,其中邮票1765元,印花税票3800元。而划夫邓长春因抢救不及,当场死亡。

1938年4月30日,邮政总局于指令第747/62004号内开:划夫邓长春,准作为因处理公务致死亡者办理,薪水发给至廿六年(1937年)十二月五日止。兹照章核发抚恤金531元,甲种抚恤金500元,廿六年一部分奖励金40.56元。又该故划夫惨遭炸毙,情殊可悯,兹为格外体恤起见,特准参照总局通代电第244号之规定,按甲种抚恤金额数加给五成,即250元。遗憾的是,邓长春的家属(一妻一子)随着逃难的人群离开芜湖,抚恤金发放无着。

在此次轰炸中,侵华日军不顾国际公法,悍然轰炸悬挂中立国国旗的"德和轮",造成数百人伤亡的恶劣事件,引起了国际公愤。轰炸后的第三天,1937年12月10日,侵华日军踏破芜湖城池,芜湖宣告沦陷。日军进城后,大肆烧杀掳掠,据基督教美以美会传教士兼芜湖萃文中学校长华尔顿(美籍爱尔兰人)的不完全统计,当时芜湖被杀害倒卧在街巷血泊中的尸体就有2500多具。英国《曼彻斯特卫报》驻华记者田伯烈1938年初写的《外国人目睹中之日军暴行》一书中,曾有这样的记述:"在占领芜湖后的第一个星期内,日军对于平民滥施虐待屠杀,对于住宅恣意抢劫破坏,超过我旅华20年中所经历的任何事变"。芜湖陷入侵华日军的铁蹄之下,芜湖人民抗战的帷幕就此拉开。

档案资料

日机猛轰芜湖，英轮两艘被炸毁

（资料来源：《申报》1937年12月7日）

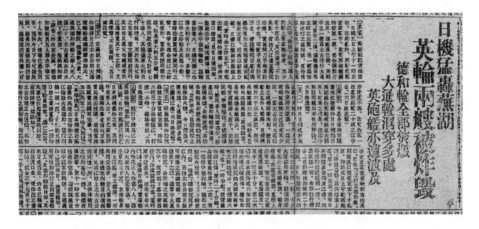

英籍船员述德和船被炸情形

（资料来源：《申报》1937年12月12日）

呈报德和轮被炸损失票纸及未运出票款数目与蒋佐遇救脱险经过情形

（资料来源：芜湖市档案馆旧政权档案0302-0301-0010卷）

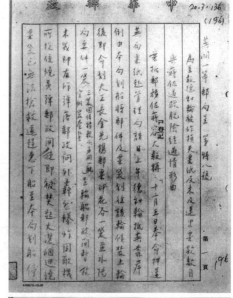

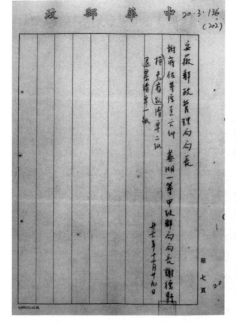

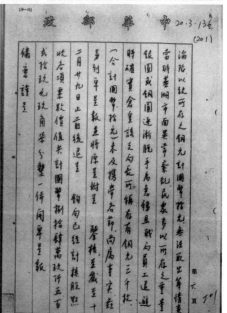

芜湖一等邮局存款损失清单

（资料来源：芜湖市档案馆旧政权档案0302-0301-0010卷）

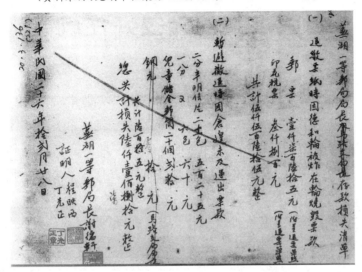

呈报十二月五日德和轮被炸销毁要件三袋档案四袋快信三套经过事由

（资料来源：芜湖市档案馆旧政权档案0302-0301-0010卷）

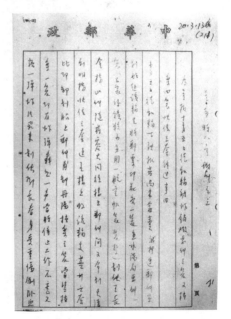

卖国求荣的大汉奸任凤昌

　　日本侵略军在占领区推行"以华制华"、"以战养战"政策,其主要手段是在占领区网罗丧失国格人格的汉奸,建立和操纵傀儡政权。日军侵占安徽初期,主要是组织"维持会"或"自治会",将其作为推行侵略政策的工具。维持会虽是临时性的地方傀儡组织,不能算是正规的敌伪政权,但它也起到了一些敌伪政权的作用。它的主要任务是为日军筹备粮草,维持地方秩序,动员难民回家、商店恢复营业、摊派捐税、劳役等。

侵华日军以芜湖风光为背景发行的军用明信片

　　"芜湖地方维持会"(民国二十七年春改为"芜湖县自治会")的首任会长是驻芜湖日军扶植的汉奸任凤昌。随后芜湖城区东门、河南、中山路、吉和街等处设立了10个下属维持会。"芜湖地方维持会"受南京日军军事系统及其特务机关的节制和指挥,且管辖皖南沦陷区及江北的和县、含山、无为、巢县等地方维持会。

任凤昌,字瑞轩,1887年出生于河北省吴桥县(现为邯郸县)一拳师兼伤科医生之家。其人8岁起念私塾,12岁随其父练武术、学伤科,21岁起以伤科医师之名,混迹于吴桥城乡之间。

1913年,26岁的任凤昌来到芜湖,此后一直以专治跌打损伤兼卖狗皮膏药为名,浪迹于芜湖城乡之间。1937年12月9日,日军十八师团一部侵占了芜湖县竹丝港,因恐芜湖有守军抵抗,滞留在竹丝港一带,忙于集结部队,不敢对芜湖贸然进攻。而此时在芜湖城内的任凤昌却认为这是投向日军的大好机会。于是,其便纠集了19个地痞、流氓,连夜制作了日本太阳旗。10日上午,任凤昌带领这批地痞、流氓,手执太阳旗,赶至竹丝港,向日军保证芜湖没有守军抵抗,如遇抵抗,愿以性命相抵。日军对此半信半疑,扣押了18人为人质,由任凤昌以及另一位汉奸带队向芜湖城区进犯。日军遂于当日由东门进占了芜湖城区。

由于任凤昌引狼入室有功,日军入城后不久便委派其为"芜湖地方维持会"会长,并将一座强占的楼房给其家用。1937年12月21日,日军第六师团在参与了南京大屠杀之后窜来了芜湖,又是一番烧杀。此时,任凤昌又是积极参与。

1938年4月23日,在南京大屠杀中被西方人士称之为"亚述魔王"的日军第六师团中将师团长谷寿夫,接到日军华中派遣军令其率队沿和县、巢县、合肥一线作战的命令,就给了任凤昌一匹东洋马及日军官服、东洋刀等物,要其给日军当向导。任凤昌一口答应,带路出发。

据《任凤昌案卷》中死难者家属的控诉记载:"在1938年古历四月初一日(公历4月30日),任匪凤昌带领日寇强盗打下了巢县。那时我家住在巢县西安桥。任匪凤昌就带领了日寇强盗到了我们西安桥村庄,任匪带日寇到我家未说一句话,我大伯(名陆玉春)、瞎二爷(名陆玉芳)、大爹(名陆典长)、二爹爹(名陆典元)、老奶奶(名李氏)一家5口人被任匪一起用刺刀杀死。""我的侄孙刘家炳是一个哑巴,没有逃走,被任匪抓到了拷打了3天,说他是个探子,结果叫狗把他咬死,肉全部被狗吃掉。在第5天,我跑过一看,只剩一堆血骨。""他带鬼子到合肥南乡义兴集烧了马王井村百余户的房子,一家未留。被烧死人不计其数,将该村烧成一片焦土。""说起我家受任匪凤昌的害,我就要哭。日本鬼子来时,任匪带领鬼子于民国二十七年五月初五(公历1938年6月2日)下乡到我村打鸡。那时,我妹妹还带了5个月的肚子(怀孕)。他们看见我妹妹就追,要强奸她。可怜我妹妹被任匪逼得无法,为了免遭毒手就跳下塘里淹死了。这群畜类全无人性,死了还不放手,把她拖上来拿刺刀乱戳,还把我家牛拿枪打死了。任匪在合肥所作的罪恶,令人发指,受害的人不计其数"。

1939年8月,任凤昌由武汉回芜湖,其在武汉曾被委任伪团长之职达9个月之久。回芜湖后,任凤昌担任了日军驻芜湖警备司令部便衣队队长等伪职,积极协助日伪特务设立"十一号"特务机关,残害抗日同胞。而这时的任凤昌,可谓"要风得风,要雨得雨",其"身价"更是倍增,只要与其有私交,便可在芜湖畅行无阻。

1940年,日伪在芜湖曾试办芜湖伪总工会,结果未办成。日伪政权无法可想,只得派人出面请任凤昌担任伪总工会筹备主任。1944年6月,芜湖伪总工会设立,任凤昌任伪总工会的理事长。在此期间,他还兼任芜湖安清同盟会、中医公会会长和理教会的理事长等职,其身兼多职,显赫一时,并利用伪职趁机搜刮财物,大发国难财,为所欲为,成为芜湖的一霸。

任凤昌在日伪统治期间,卖国求荣,认贼作父,血债累累,其亲手杀死的老百姓就达数十人之多,成为不齿于中华民族的大汉奸。

1944年12月起,美军飞机开始轰炸日本本土及国内各大城市、重要交通设施、军事基地之后,助纣为虐、作恶多端的任凤昌坐卧不安,深感自己的罪行严重,于1945年2月2日离开芜湖,逃回老家吴桥县,妄图逃避惩罚。按其后来的交代,怕带上汉奸的帽子,但他无法逃避遭受严惩的下场。在抗战胜利后的第一时间内,芜湖县城区区署和县政府就在1945年11月和12月,相继发出《芜湖县政府清查任凤昌逆产训令》和《呈以汉奸任凤昌的逆产呈奉专署核示的训令》。由于当时任凤昌未在芜湖,所以只是没收了他在芜湖的全部财产,而他本人则暂时逃脱了惩罚。

芜湖解放后,任凤昌于1949年下半年潜回芜湖,将其家从大马路55号迁至曾家塘交通路42号,闭门不出,妄图再次逃避惩罚。

在镇压反革命的运动中,广大知情群众纷纷检举其在日伪统治时期的罪恶,仅受害者和死难者亲属的控诉状就达数十份。根据《中华人民共和国惩治反革命条例》的精神,人民公安机关于1951年4月11日将其逮捕,1951年4月24日,芜湖市召开了公判大会。会上,市军管会军事法庭依法判决其死刑。会后,将这个身材高大、满脸横肉的大汉奸押赴刑场,予以处决。全市人民无不拍手称快。这正是:多行不义必自毙,卖国求荣无善终。

档案资料

竹丝港、杨家渡日军碉堡手绘图

（资料来源：芜湖市档案馆旧政权档案 0302-0101-0352 卷）

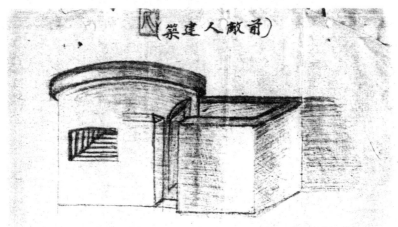

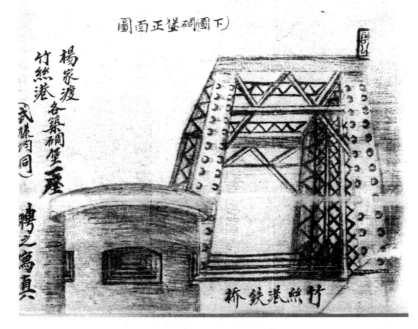

芜湖县政府清查任凤昌逆产训令

（资料来源：芜湖市档案馆旧政权档案0302-0101-0013卷）

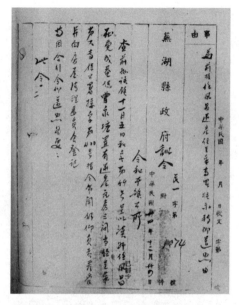

敌伪强夺芜湖中山路房产证明书

（资料来源：芜湖市档案馆旧政权档案0302-0201-0229卷）

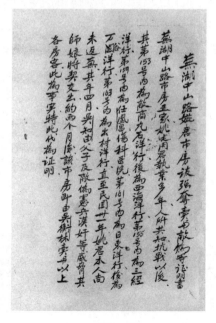

抗战胜利后接收任凤昌部分资产清册

（资料来源：芜湖市档案馆旧政权档案0302-0201-0230卷）

姬少庭与芜湖"凤宜楼"慰安所

1937年12月10日，日本侵略军进城不到一周时间，便委派任凤昌为芜湖地方维持会的会长，还委派其他一些汉奸任各区维持会会长。当时任三区维持会会长的汉奸崔一平奉日军兵站部小松翻译官指令，要找"花姑娘"以供淫欲。崔一平便找了地痞姬少庭，叫他找一些年轻女人来，开设慰安所，为日军所用。于是，姬少庭便到处威胁、哄骗年轻女人，没过几日，便找来了6个年轻女人。找到女人后，在崔一平指定下，慰安所开设在二街凤宜楼，该所由姬少庭负责。凤宜楼原为一旅社，店主因为逃避战火离开了芜湖，不曾想被这伙汉奸乘机占用，做了慰安所。该所有一人专门挑水，一人专门打扫卫生。除此之外，还有几个日军士兵站岗，目的是防止所内妇女逃脱。

凤宜楼慰安所于1938年1月初正式开设。从每周一至周五的上午8时至下午6时为日军士兵开放时间，每周六和周末是为日军官佐开放时间。进所日军凭号码牌入室，每次时间为半小时。所内妇女每人每天被日军蹂躏多达10余次，少则五六次不等。每晚则为日军官佐"伴夜"时间，日军高级官佐所需年轻妇女，则由姬少庭在外设法强征，并由其亲自送往日军高级官佐住处。

在抗战胜利后审讯、调查姬少庭恶行的档案里，有一部分是当年慰安妇亲笔书写或亲口控诉的材料。姬少庭本名叫姬斌，别号少亭、少庭，绰号"姬麻子"、"姬大麻子"，是芜湖城内的一名地痞。据其本人交待：

> 当时由于日本人到处找姑娘，使老百姓不安。崔一平让我去找姑娘，我便去找，找了6个姑娘，也尽是些把戏场上的姑娘，原来也是做妓女的，他们也给钱，后来又找了4个，共10个人。在凤宜

楼里，日本人和一个女人睡半个钟头，给一块钱，二八分成，我得二成。慰安所开设在凤宜楼里，由于姑娘少，不够应付，日本鬼子时常到这里来吵闹，于是维持会里的"宣抚班"便找了两个鬼子看门。慰安所从1938年元月开办到4月份结束，历时三个多月。

姬少庭在供词里说，那些被抓去的姑娘"原来也是做妓女的"，这是事实吗？显然不是。据芜湖市环城路126号程安邦反映：姬少庭在鬼子来时，把许多青年妇女弄到凤宜楼去慰劳日本鬼子，搞得许多年轻的姑娘不敢出来，怕给他们看见就要强迫他们为娼。另据同安里6号的卢则才反映：姬少庭曾把某庵的尼姑搞去，卖给日本鬼子开的妓院里。还有一位名为赵光裕的居民反映，有一次在凤宜楼看见一妇女跳楼自杀，后了解到这女人是江北人，因姬少庭逼她每天要接七八个鬼子，不愿意就暴打她，因不堪虐待，这才被逼跳楼自杀。

当年被姬少庭哄骗到凤宜楼去的王氏在1951年所写的文字控诉材料中写道：

民国二十六年(1937年)旧历十一月初八那天，日本鬼子到了芜湖。他们一到芜湖，便到处放火，杀害爱国志士，奸淫妇女，无恶不作。那时我住在大戏院后面的一所民房里，看见四周的民房都起了火，而且鬼子又在到处寻找花姑娘，我们一个个吓得到处躲藏。我的一个朋友见我一个人带着两个孩子躲在家里，担心我被鬼子发现，就叫我躲到大戏院里。戏院里的戏子都吓跑了，后台的一间小房间里堆满了布景，我就在布景的夹缝里躲藏起来。我的两个女儿，几个月大的女儿给奶妈带走了，还有一个4岁女儿寄养在人家。可怜我离开孩子，孤身一人躲在布景房里，连动也不敢动，到了晚上，朋友才敢摸黑送些冷饭、冷菜来，由于想念孩子，我怎么也吃不下去。

在那里躲了27天，最后还是给姬麻子那坏蛋发现了。他特地来找我，恐吓我，对我讲，你躲在这里是不行的，要是给鬼子找到了，他们就要把你杀掉。接着又假仁假义地欺骗我说：你还是跟我躲到凤宜楼去吧,那里有人守卫,有人保护你,日本鬼子是不会到那里去的。那时候我还以为他是好人,就跟他到凤宜楼去了。到了那里,我被关在一间房间里,可怜啊!那里一共关了70多个女同胞……姬麻子强迫我们给鬼子玩弄、奸淫,我们不答应,他就拿刀来威胁我们……

我们整天受着鬼子的侮辱,但我们由皮肉换来的代价却给姬麻子整个剥削去了。他是发财了,他整天陪着鬼子饮酒作乐,大鱼大肉是他的家常便饭。而我们呢?每天吃的都是青菜,连豆腐都看不到。要是我们偶有不慎,触怒了鬼子,即便给鬼子打得昏死过去,醒来后还要挨姬麻子的一顿臭骂。我们70多个女同胞关在里面,是不许外出的,我在那里住了3个多月,受尽了鬼子的奸污和侮辱,我简直是不想活了……

署名"同安里第三组王氏"的"慰安妇控诉"的材料中写道:

到了凤宜楼,我被关在一间房间里,可怜那里一共关了七八十个女同胞。大家都不知道是怎么一回事。过了十来天,有一天姬麻子对我们宣布说,凤宜楼就是日本鬼子的慰安所,并强迫我们给鬼子玩弄、奸淫。我们不答应,他就拿刀来威胁我们。鬼子到慰安所来泄欲,是要买票的,每张军用票两元,凭票入室。我们经常是一天要被四个鬼子奸污,除了星期六和星期日。

姬少庭供述自己和慰安妇是二八分成,他得二成。而事实又是如何的呢?被哄骗、胁迫到凤宜楼慰安所的女人中,年龄最小的只有14岁,最大的也不超过40岁。所内妇女除了被姬少庭哄骗、胁迫而来,还有一些是他随日军到外地扫荡强抢而来。如姬少庭曾随日军去繁昌县三山镇扫荡,强抢一些民女关进所内。该所被蹂躏的妇女前后共达200余人。姬少庭还曾带日军在本市某尼姑庵内将年轻的尼姑也绑架而去,投进凤宜楼慰安所里。所内妇女除了在精神与肉体上受尽折磨之外,在生活上也受尽迫害。姬少庭说他和慰安妇是二八分成,实则是四六分成,即姬得四成、妇女们得六成。然而据知情者说,姬少庭其实从中盘剥的更多,他大肆克扣,以供自己挥霍,并由此而发了大财,他后来在凤宜楼后面开设芜湖大旅社,由此可见其克扣之凶。

慰安所内的妇女每月只能洗澡三次,每次去寺码头浴室洗浴时,皆由日军士兵荷枪押着,犹如犯人。在所内,平时有日军士兵严密看守,根本无法逃脱,所内妇女受尽了非人的摧残。

由于日军在芜湖的暴行,加之姬少庭在外大肆为该所搜寻年轻妇女,城区内的年轻妇女根本不敢轻易出门。

姬少庭自任伪职后,依仗日军的势力,在芜湖横行。他在长街的一些布店里拿布从不付钱,为非作歹、祸害人民。1938年4月,驻芜湖日军弄来一批年轻的日本妇女和朝鲜妇女,于寺码头等处自办了几所慰安所。此后凤宜楼慰安所少有人往,于是,凤宜楼慰安所停业,一大批妇女由此才逃离虎口。后来姬少庭又担任过花捐局(妓院的管理机构)的负责人,并利用管理妓院之名,乘机敲诈勒索,大发国难财。

当年控诉状的纸张已经泛黄,但材料留给我们的震撼并未因此而有所不同。在这些珍贵的历史记录里,只要是普通民众所写的证明材料,结尾处都会有一句:我坚决恳请人民政府严厉的处分万恶的姬麻子。1951年4月,市公安机关根据受害者的控诉和广大人民群众的一致要求,将姬逮捕。后经审讯、核实,经市军管会军事法庭判决,将姬犯绑赴刑场处决。认贼作父的汉奸姬少庭最终受到了应有的惩罚。

档案资料

芜湖县政府清查姬少庭等逆产的签呈

（资料来源：芜湖市档案馆旧政权档案0302-0201-0539卷）

签呈于办公厅 西历十月廿五日

顶本

钧长面谕着嘱澈查有关逆性之旅馆戏院菜馆等因遵即前往澈查兹将结果呈述于后

一、查二街凤宜楼旅馆房屋係汉奸姬编甫伪省会计...产业至去年间以高价租给汉奸姬少庭开设...由汉奸鲍正熙（原名鲍尚威残前係商人敌冦佔芜后即任该商会..）开設安门廿年...被帐等一併收買...

二、查中二街琇宫饭店係汉奸...社址经周子宽改造为娼...

一、无赖之王某（係一鸨兒）主持乃以凤宜楼牌號营业...

三、查下长街無湖大旅社房屋係汉奸姬鸨庭之私产自用该逆...（闻高久姓蘇又係王之弟兄等）現高躭居琇宫後遷不常刻出...

宮饭店現该逆業已潛逃其营业由其嫂夫高涛代為经堂...

闻该逆現已潛匿

芜湖县政府清查凤宜楼等逆产的报告

（资料来源：芜湖市档案馆旧政权档案0302-0201-0539卷）

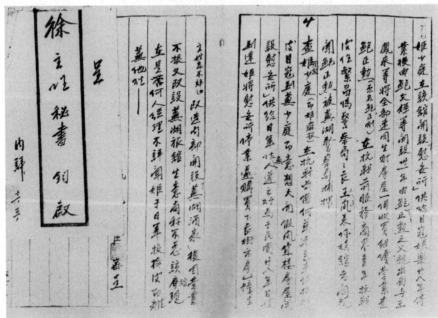

没有硝烟的货币战争

自1937年8月13日淞沪会战爆发后,日军开始侵占苏、皖、浙地区。12月,芜湖、南京等地相继沦陷。日军为了侵略的需要,加速对沦陷区物资的争夺,以达到"以战养战"之目的。货币作为物资争夺的重要载体,成为经济侵略中表现最为突出的形式。日军通过从金融市场上驱逐法定货币、强制兑换、滥发军票、制造假币、恶意收购等手段,破坏中国原有的金融秩序,动摇沦陷区人民的信心,企图从军事、政治、经济上全面控制中国。当时的国民政府和敌后抗日根据地采取相应措施,同敌人展开了顽强的斗争。一场伴随着炮火侵略,却没有硝烟的货币战争也就此展开。

设立日伪银行,发行伪币

抗战之初,由于日本侵华战争逐步扩大,军费猛增,日军为了在占领区大量掠夺资源,通过建立日伪银行,强制发行伪币和军票等方式,来维持庞大的军费开支。民国三十一年(1942年)元月,安徽省政府发给芜湖县政府的电文记载:"敌寇为实行其以战养战之阴谋,对我经济侵略日形加厉,于我游击区内扶植伪银行","据查芜湖、安庆、蚌埠等地,均设有伪华兴银行分行,该伪行资本额定为五千万元,由伪南京国民政府及日籍银行分担。一九三九年发行伪钞,总数为伍百万元,其管业区域以苏浙皖三省为范围,并将汉口包括在内,又于汉口设伪中江银行,以伪华兴券作基金,专办兑换军用票及贷款、储蓄、抵押银行业务。"其中提到的"华兴银行"系日本在华中扶植的第一个傀儡政府——梁鸿志伪政府开办,于1939年5月成立于上海,在芜湖设有分行,经理、副经理都是日本人,芜湖分行负责人为千田贞元。其职能是处理和调剂华中金融业务,发行"华兴券",搜刮国民党法币,套取外汇,为日军购买战略物资,统治华中贸易,掠夺资源,为侵华日军提供经费。

1940年3月,日本扶植的汪伪政府成立。1941年1月6日,汪伪政府在南京成立伪中央储备银行(以下简称"伪中储行"),8月即在芜湖设立一等办事处,地址是中二街99号(原南盛公司旧址),并专设电台与南京伪中储行联系。伪中储行成立后的第一件事,是发行"中央储备银行券",简称"中储券",用"中储券"代替"法币"强制流通。而法币是当时国民政府发行的国家法定货币,自1935年发行后,此时已在人们心中建立信用。人们普遍认为法币是唯一合法纸币,中储券不过是汪伪政府发行的一张空头花纸,因而不愿接受。

汪伪政府为了在沦陷区内排挤法币,于1942年6月23日颁布了《禁止法币使用办法》,强制推行所谓"新旧币"的全面交换,禁止法币在沦陷区内流通。民国三十一年(1942年)九月,安徽省政府发给芜湖县政府的电文记载:"南京伪财政部令禁用法币,以资加强封锁。查敌伪行使伪币搜购物产,破坏我金融"。12月1日,法币在芜湖全面禁止。日伪政府通过强制手段,逼迫缴纳法币,据民国三十二年(1943年)二月芜湖县旧政权档案记载:"倭近于芜(湖)湾(沚)等地强迫伪乡长缴纳二十六年(民国二十六年,即1937年)以前之中国、中央、交通、农民四行法币贰万四千元,如不遵从,则以扰乱经济治罪"。法币禁止后,税收一律只收中储券,日军支出的军费、日商收购物资的资金,都用中储券支付,为中储券的流通铺平道路。当时伪中储行芜湖办事处共计收兑法币1337万元,日伪交换旧币的过程其实就是赤裸裸掠夺法币的过程。然而随着战争的深入,军费开支不断加大,伪中储行于是开足印钞机,大量发行,其面额由原来的1元、5元、10元、50元,增至100元、500元、1000元,甚至到抗战后期,又增发了1万元券,导致币值下跌,贬值严重,1元券只能换回0.5分法币,实际已抵不上一张草纸的价值。抗战胜利后,中储券被宣布禁止流通,并由国民政府回购销毁。据1946年9月《中央银行芜湖分行销毁伪中储券清册》记载:"伪中储券已于9月18日销毁完竣,计数共毁二百四十四亿七千六百六十四万九千一百九十八元"，其数额之巨，令人触目。

日军通过各种手段搜刮的大量法币，一方面用来投向日伪统治区以外的地方，抢购粮食、布匹、药品等军需物资，以维持侵华战争的需要，另一方面运至上海、香港套取外汇资金，再以此到国际市场上去购买侵华战争所需的武器装备。据民国三十一年（1942年）七月，芜湖县政府收到的电文记载："据各方报告，敌最近在沦陷区以伪钞收购法币，换取美金储蓄，或印发大批伪钞混入内地，搜购物资，意在破坏我方金融，扰乱经济，殊堪痛恶，应即注意防范，以堵弊端"。为应对日军对法币的打压，防止资本外流，国民政府在芜湖的非沦陷区域内采取积极措施，来巩固地方金融。1941年10月《限制携带钞票往游击区域办法》规定："严禁携带钞票出口，奖励人民向游击区抢购物资"，"亟应力谋法币之畅通，应得尽量购取物资并对敌争取货币流通地盘"。同时发行购粮"兑换券"，取消货币方式购买粮食，防止敌方抢购。民国三十一年（1942年）四月，芜湖县政府《转巩固各地金融办法五项仰遵办理代电》规定，在非沦陷区内应"加紧金融经济的封锁，严禁伪钞由边区流出，禁止物资流入边区，并应对法币信用巩固"，在措施上"为巩固战地金融与灵活行使起见"，特列举办法如下："（一）省金融机关对接近沦陷区县，应斟酌情形，增设银行办事处，各县筹设县银行。（二）努力劝募推行公债。（三）省金融机关应注意各县金融实况，并随时调剂。（四）策动沦陷区各县民众拒绝使用敌伪钞票及军用手票。（五）厉行节约并扩大宣传，劝导人民踊跃储蓄"。五项措施在一定程度上回击了敌人来势汹汹的货币战，阻止了敌人全面控制金融市场的企图。此外，新四军创建的敌后根据地也采取了禁止日伪货币在根据地流通的斗争策略，要求"对外贸易以货易货为主，严禁伪币流入"。1943年6月，皖中行政公署创办成立"大江银行"，设立"大江造币厂"，发行"大江币"，与敌占区发行的中储券相对抗，大江造币厂就设在无为石涧镇青苔村胡家山冈上的五间草屋里。大江币的发行稳定了敌后抗日根据地金融及物价，为皖江抗日根据地的财政经济工作发挥了重要作用。"

滥发军票，制造假币，扰乱金融市场

侵华日军发行的军用手票

抗战初期，为解决战争所带来的庞大的军费开支，侵华日军采取了更加直接的军票形式来筹集军费。这种军票又称"军用手票"，原本是日本政府作为发放日军军饷的货币，后经日本内阁决定将军票当作一般货币在我华中、华南等地区全面流通。从目前保存在无为县新四军七师纪念馆中，由当年新四军缴获的一张面额五元的军票上可以看到，其票面颜色为墨绿色，以双凤飞舞为图案，票面正面上方横印黑色字体"大日本帝国政府军用手票"，下方印有白色字体"大日本帝国内阁印刷局制造"，反面印有"此票一到即换正面所开日本通货"及"如有伪造变造仿造或知情行使者均应重罚不贷"的字样。

这种军票脱离日元存在，发行时不会有保证金作为兑换支持，也没有特定的发行所，完全依靠侵华日军强制推行。日军用军票在占领区大肆采买物资，更逼迫占领区居民兑换军票作为货币。日本军票是最恶毒的货币侵略，实际上等同于抢劫，这些军票对于老百姓来说，就如同废纸一张。军票真实地反映了侵华日军对中国经济的疯狂侵略，是日本侵华的铁证。

除了滥发军票，日本经济侵略的最毒辣手段还是制造假币，以此扰乱中国的金融市场。民国三十年（1941年）十一月，财三字10398号

《为转发敌伪伪造法币电请查禁由》记载："敌伪为扰乱我金融,破坏我法币,以达其经济侵略目的起见,伪造法币种类甚多",并列举伪造法币有下列八种:

　　(1)中央银行十九年,美国钞票公司上海地名五元版,其纸质劣,而有光,印刷油墨不仅绿色暗淡,分辨极易。(2)中央银行二十五年,英国华德路公司无地名五元版,纸张较薄,尤以用旧者为显明,印刷颇高明,如不细心考察,则不易知为伪造,其水印较真者淡而不明晰,如仔细撕拔,可将正反两面揭成二片,即见其水印处系用水粉质涂画后粘贴而成。(3)中国银行十五年,美国钞票公司上海地名五元版纸质,与真者相似,印刷颇精,惟上面风景墨迹稍深,反面洋楼窗帘模糊。(4)交通银行三年,美国钞票公司上海地名五元版,黑色较为暗淡,正面之车站木棚模糊不清,反面洋楼微有麻点。(5)中国农民银行二十四年,德纳罗印钞公司无地名五元版,此版有两种,纸质均劣,水印内无牛头,至反面之牛头不如真者绿面带艳。(6)中国农民银行二十四年,德纳罗印钞公司无地名十元版,其纸质印刷与真者相差不远,惟反面颜色稍深,水印内无牛头。(7)山东银行红色十元版,改为交通银行,反面英文未改。(8)中国银行二十六年,德纳罗印钞公司无地名五元版,纸张较劣,花纹粗,水印不似真者明晰。

　　假币在市面的流行,极大影响了法币的信用。为遏制伪造法币的流入,一方面当时的国民政府加紧对法币进行大改版,另一方面加大宣传,查禁假币,广发票样,"将法币真伪异同之点布告周知"。据民国三十一年(1942年)元月,财三字第907号安徽省政府代电《为电饬查禁敌伪钞票及伪造法币并随时将查获式样检送具报由》记载真假钞票之辨别法,内其鉴别要点:

　　(一)纸张。本行所印各种钞券,其纸张多为钞票公司特制,可经久耐用,不易破损,同时为预防伪造起见,又每于纸内特制一种记号,如美钞公司(美国钞票公司)所印钞票,其纸内均有红绿两色之圆点,华德路、德纳罗两公司所印钞票,其纸内均有红绿两色之细丝,除此之外,更有在纸内加制水印者,愈难仿制,至于市面上所发现之假票,其纸张大都粗糙松脆,虽间有仿造红绿色点等记号者,然远不若真券之显明,水印尤为模糊。(二)图案。钞券之图案以雕刻精细最为重要,真券之字体、花纹、风景、人像及号码等无不极尽精细工整之能事,均非伪造者所能完全模仿,盖私人制造假票,其目的在图厚利,故图案花纹大都粗制滥造,模糊不清。目前,敌人所制伪券虽较精工,究亦有殊。(三)印刷。印刷本行钞券之油墨系经严格之鉴定,故着色均匀,光泽虽经水浸亦不易褪色,至于假票,则图案既不精细而所用油墨又属劣品,是以印成之颜色暗淡模糊且易褪色。

然而,这种以伪造他国货币来掠夺他国资源,世界上恐怕还没别的国家做过这样的事。

巧取豪夺,恶意收购铜元镍币

随着日军大量发行伪币,并以大量假币冲击市场,牵动法币也不断增发,造成市场上流通货币极度混乱,至抗战中后期,已不可避免地出现通货膨胀。当时无论是沦陷区还是国统区均出现物价暴涨,币值下降,使得法币、伪币的购买力急剧下降,经济萧条,人民生活困苦不堪,本已绝迹的各种各样新旧铜元又被拿出来流通。此时日军将掠夺对象又瞄准了中国的金属货币——铜元镍币等,大肆收购,作为战略物资,直接运回日本,中国金属币惨遭日军浩劫。据民国三十二年(1943年)十一月,芜湖县政府《为奉省保安司令部注意封锁敌伪吸收铜元等应仰遵照由》记载:"据报敌伪近来大量吸收铜元,现铜元已由每元七枚涨至每元四枚等情特电知照,并仰饬属注意,严密封锁为要"。民国三十二年(1943年)八月,有关方面再次通报"敌近提高价格收兑我方铜元,一元兑换铜元三枚,在内地设法收购,偷漏出口,一般为商人购货时,多大量夹带牟利"。

铜元（又称"铜板"）在当时仅作为辅币流通于市场,相当于零钱,1939年,安徽省政府规定每元法币可兑换"当十"的铜元200枚。至抗战中后期,由于通货膨胀,币值下降,铜元、镍币等金属辅币的本身价值已远远超过其面值,每元法币仅兑换铜元3至4枚。铜元一般以红铜、黄铜作为币材,镍币的含铜量也超过50%。日军以纸币套购中国金属币,当成物资运回日本,熔化后充作军用,变成制造武器弹药的原料,日军对中国资源的掠夺,已无所不用其极。1947年2月芜湖县旧政权档案中记载:"据驻日代表团电,以日本长崎泽田宅存有我国铜元及镍币甚多,请搜集证件(据),以便交涉索还"。

为防止日军恶意收购,国民政府宣布取消各种铜元的流通,严禁私人收购铜元及私熔私运,对违反者予以治罪。民国三十一年(1942年)十月,《为私人收购铜元及私熔私运一案特电仰遵照办理由》记载:

> 惟因现在铜价昂贵,奸商牟利,难免仍有私自购熔,甚或走私资敌,拟请申禁令,严禁私人收购铜元及私熔私运。查意图营利私运铜元出口,或于销毁后私运出口(运入沦陷区视同出口),查通谋敌国以铜元资敌者,应分别依照修正妨害国币惩治暂行条例及惩治汉奸条例治罪。其在内地私行贩运或私自销毁牟利者,查获应予以没收充公。旧有各种铜元取消其暂作辅币流通之资格,责成中央银行与中央造币厂按照铜斤洽订购价,收回改铸。

如同在炮火纷飞的战场上,中国人民通过艰苦奋战,粉碎了敌人侵略的梦想,在另一个没有硝烟的货币战场上,中国人民同样自强不息,顽强抵制。然而在中国国土上发生的战争,无论是军事上的还是经济上的,所受伤害最大的仍然是中国人民。

档案资料

针对倭寇所施经济侵略实情妥筹对策严密防范并具报

（资料来源：芜湖市档案馆旧政权档案 0302-0101-0312 卷）

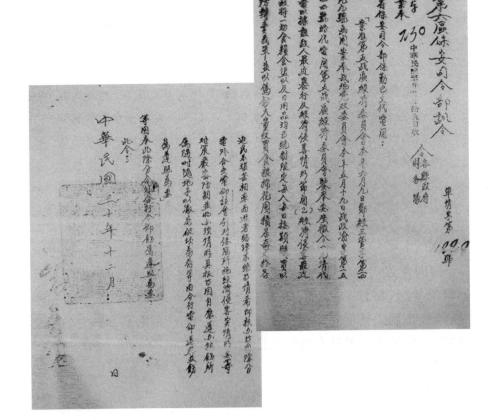

转发敌伪伪造法币电请饬属查禁

（资料来源：芜湖市档案馆旧政权档案 0302-0201-0228 卷）

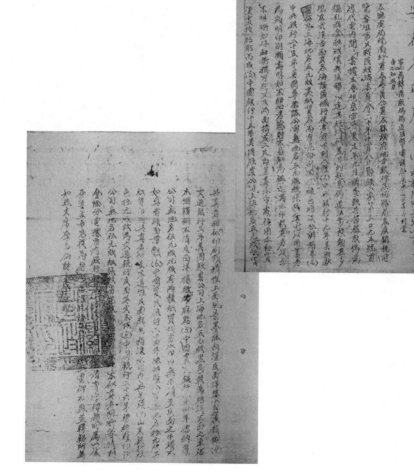

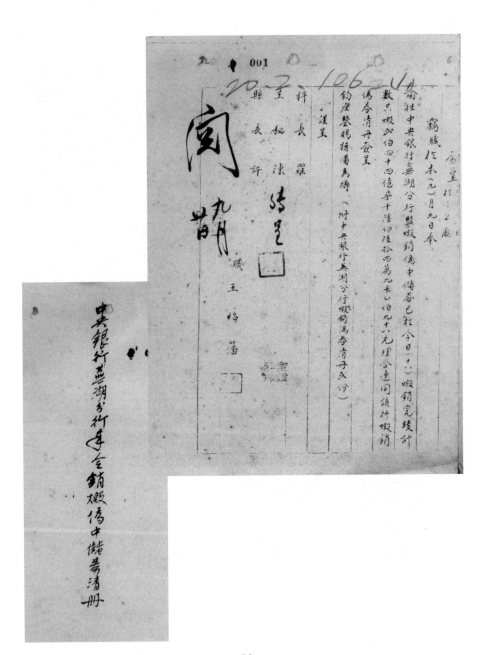

奉令搜集有关日本迫购或献纳我国铜元镍币证明文件

（资料来源：芜湖市档案馆旧政权档案 0302-0201-0117卷）

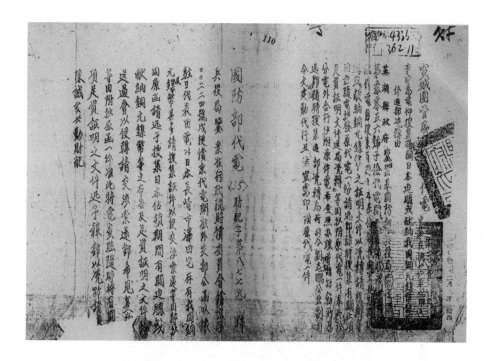

日本占领军在芜湖的毒化政策

　　日本侵华时期,在以武力手段屠戮中国人民的同时,奉行"以掠夺中国财富、摧残中国人体质、瓦解中国人民抗战精神"的政策,在沦陷区内强迫中国人民种植鸦片、设立烟馆、征收鸦片捐税、加工毒品,并向沦陷区、抗日根据地、大后方贩运出售毒品,造成了严重后果。事实证明,日本对中国的侵略战争不仅是一场军事战争、政治战争,也是一场"毒品战"。饱受日寇铁蹄蹂躏之苦的芜湖,就是日本毒化政策在安徽乃至华中地区的重要灾区。

侵华日军在中国境内强迫民众种植罂粟

　　芜湖地处国民政府统治中枢南京附近,历史上有"京畿辅地"之称,是富庶的鱼米之乡。自辟为通商口岸后,便成为近代长江流域上一个繁盛的商埠,驰誉大江南北。作为沟通南北农副产品的集散地,芜湖被日本视为"以战养战"的基地。1937年12月芜湖沦陷后,侵华日军便利用其滨江临河的交通便利之势,强迫农民将良田改种罂粟,并在芜湖大肆制作贩运出售毒品,实施"以毒养战"、"以毒制华"的毒化战略,牟取暴利。1943年5月7日,《新华日报》刊登了题为《敌毒化芜湖——烟馆增至四百家》的报道,指出:"芜湖之敌,广设烟馆,实施毒化政策,刻芜湖烟馆已自四十余家增至四百余。其鸦片来源除敌贩卖外,并迫令居民尽量播种,芜湖全县田地,现种植鸦片者达十分之六以上。"当时的芜湖,大街小巷内布满了所谓"戒烟所",这些"戒烟所"以禁烟为名,行纵毒之实,实为吸毒所,可谓"五步一灯,十步一枪,横床吸毒,到处皆是"。

民国三十五年(1946年)八月二日,芜湖县政府呈报安徽省政府六区专署的代电《为查报敌伪毒化罪行搜集罪证附呈祈鉴核由》中,记载了侵华日军在芜湖的毒化政策。

(一)伪安徽省长罗逆君强任内曾于三十三年(1944年)四月十八日以申四字一二〇七号训令,订颁安徽省政府禁烟委员会组织暂行规程及禁烟特别会计处理办法,禁烟委员会委员名单,其内容确系有计划有组织之施行毒化。

(二)伪省府三十三年(1944年)申四字第一三二七号训令,订颁查禁烟苗办法其内容存系厘定税率及规定征收办法。

(三)伪芜湖县府曾于三十三年(1944年)五月二十五日环字第一八二号代电呈报,芜湖种烟亩数共计为一仟五百拾八亩二分八厘五毫,又于同年六月十二日循字第二七一号呈以补报,第六区须报种烟五十七亩六分,暨全县应征所谓烟苗罚金贰百五拾五万元。

(四)伪安徽全省烟土经销为兴安公司,负责人为陆冲鹏,有伪省府三十三年(1944年)五月十九日申四字第一七九八号训令为证。

(五)伪芜湖县府呈缴伪皖省禁烟委员会种烟罚金查实者计有两批,一批为一百五十三万元,一批三百万元(尚有留县四成已坐扣,不在上列数内)。有伪县府三十三年七月七日签呈可证。

（六）芜湖等八县烟浆由伪芜湖兴安分公司经收，其负责人为丁廉宝，有该公司三十三年七月呈伪县府文可证。

（七）伪芜湖县府于三十四年六月十八日召开县政会议，席上伪县长魏曙东报告以省府指定芜湖烟苗亩数在一万亩数以上，并承认实有亩数与省规定相差有限，有会议记录为证。

上述罪证表明，日伪政府是有计划、有组织地对芜湖等沦陷区施行毒化政策，并通过所谓"禁烟"收取捐税和罚金，仅芜湖地区便收取755万元。同时根据区域设定指标，强迫农民种植鸦片，芜湖烟苗亩数在一万亩数以上，所得鸦片由伪芜湖兴安分公司收购制售，从中获取暴利。然而除了兴安分公司，在芜湖还有另外一家专门从事鸦片等毒品的制售，这便是华中地区最大的毒化机构——宏济善堂。据安徽省政府三十五年（1946年）八月代电《抄发毒化罪犯名单仰遵照办理》中记载，"敌伪合组之宏济善堂范围甚大，设于芜湖，专从各陷区收买大批烟土，运芜制售。"

宏济善堂是民国二十七年（1938年）秋，秉承日本兴亚院和大使馆之命，由日本特务里见夫（又名李基夫）组建，总部设于上海，南京、苏州、芜湖等城市设有分堂，其中芜湖宏济善堂负责人为在芜巨绅蔡公侠。这个挂着宏济善堂招牌的机构，并非是一个救灾救难、普济众生的慈善团体。恰恰相反，这是一个陷人于水火之中、彻头彻尾的日伪毒化机构。全权管理汪伪辖区内的鸦片业务及行政，成为日本毒化政策由伪满向华南波及的一个重要关节点。它犹如一只硕大无比的毒蜘蛛，利用戒烟总局、戒烟分局、各地分堂和日驻地宪警，不停地吐丝结网，逐渐形成了从种植、采办、发售、运输一整套的毒化体系。

民国三十五年（1946年）六月安徽省政府代电《苏浙皖地区敌伪毒化罪行调查表》详细记载了宏济善堂施行毒化政策的罪证。

伪维新政府时期：一、敌伪毒化机构组织及人事概况。民国二十七年（1938年）秋，在敌兴亚院及大使馆交待下，产生一完全毒化机构，名为宏济善堂，专司推销毒品，以图吸我华中各地资金。该堂一切事务,系由盛逆幼盦(即盛老三)所包办,并向沪台湾银行包销,于沪曹家渡、糜家桥等地,分设土膏市场,及各沦陷城市设宏济善堂分堂,分别倾销。兹将该宏济善堂及各地分堂组织概况分别列表如下(略)。二、毒品运销及来源。其毒品运销,系由宏济善堂委托日人坂本所开设之洋行(沪台湾银行楼上)运输部专责办理,由轮船运输。迨至太平洋战事发生时,即由火车运输,其售销量以上海一隅,每月约达六万余两。

伪南京政府时期:一、敌伪毒化机构组织及人事概况由特业行商组织特业公会,由蓝芭苏、郑芳熙等任监察,罗洪义、张瑞堂、徐长春等任常务,其目的在排解同业间之纠纷及营业上之阻碍,代向禁烟局谋合理解决问题,如烟土之配给等。至其配给之方式,先由伪禁烟局附设之公栈配给于特业公会,再由该会配给所属各行商。兹将该各行商所在地及负责人姓名列表如下(略)。二、毒品倾销及处理毒化情形所有毒品系由特业公会所属之各行商倾销,每月仅上海一隅约四万两,外埠各地约六万两。其处理毒化办法,则设有伪禁烟总署,以监督各伪禁烟局对于烟土采办与配给事宜。又各该行商营业之执照,如非敌伪双方具有相当势力,或特业方面具有大量资本者,则极难领到。

这些在侵华日军控制下毒化机构,让芜湖民众笼罩在"烟毒"之下。日本人为了使不同阶层的中国人都加入吸毒的行列,扩大毒品的销量,"于沦陷区各城市设立禁烟局,奖励烟民登记,配给烟土,收取登记执照费一百元至五百元不等。为优待吸毒烟民,饬令各地售吸所,向当地军警机关举行登记后,凡在该所吸食鸦片者,可不受任何机关之检查。"一些条件简陋的烟馆,有的只是一间房子,里面用木板支起床位,烟具因多人使用而变得满是油垢,醒龊不堪。光顾这种烟馆的多为体力劳动者和无业游民。有的烟馆内设有不同档次的烟室,除了称为"雅座"的高级吸烟室外,又设有"散座",即在一个很大的房间内设置大炕或木板通铺,可容纳数十个甚至上百个烟民,他们脊背靠脊背地躺在上面,像沙丁鱼罐头般挤在一起吞云吐雾。

民国二十八年（1939 年）《新华日报》曾在头版发表题为《怵目惊心的日寇毒化政策》的社论，列举了日伪在南京、武汉、上海等地实施毒化政策的消息，其中"南京四十八万人染上烟毒，每日可卖鸦片三千两，价值六千万元。伪维新政府每月所得鸦片税为三百万元，这是支持伪政府的重要经费来源"。由此可见，伪政府是建立在烟毒经济的基础上的。文章进一步指出，"日寇在华实施毒化政策，其目的有三。第一，吸取我之金钱，掠夺我之物资，以维持在华之傀儡组织，并企图挽救其经济上之破产。日寇在华当局曾发表宣言：拟从贩卖毒品方面，获得利润三万万华币。从这里可以看出毒化政策对于日寇经济上的意义。第二，消灭我战区人民之反抗精神。无须证明，鸦片可以使人消沉，使人萎靡，使人失去奋斗的精神。染上鸦片恶习的人，就很难振作图强，以抵抗日寇。因此，传播烟毒，制造烟民，就无异训练俯首帖耳的亡国奴隶。第三，帮助敌寇和汉奸的政治统治活动。鸦片是日寇开展其政治活动的一种媒介物，利用烟馆和土行，经过贩卖鸦片的商人，和吸食鸦片的烟民，敌寇正可进行其间谍、侦探及其他罪恶的活动。所以传播烟毒，又是和日寇的政治阴谋活动，有密切联系的。传播烟毒是敌寇确保其侵占区，实行'以战养战'计划中的一部分"。

　　1945 年抗战结束后，芜湖县政府对烟民进行过一次调查统计，据芜湖市档案馆旧政权档案《芜湖县烟民调查表》记载："芜湖城区及 7 个乡，共有烟民 1255 人，其中城区 988 人（男 767 人，女 221 人），7 个乡 257 人（男 246 人，女 11 人）"。侵华日军除了采用毒化政策，诱使中国人民吸食鸦片，更为甚者，是采用投毒方式残害无辜民众。据一份民国三十二年（1943 年）五月安徽省政府《民间发现含毒粗碗希注意查禁》的代电记载："发现民间粗碗含有慢性毒药，无药医治，使用一百日自死，外面古铜色，绘粗蓝花，碗内白色黑圈底，用火烤烧破瓷处，流黄白油水，系日寇将毒药掺入瓷内，制成贱价普售民间，意欲减我种族，殊堪痛恨。"由此可见，侵华日军对中国人民的毒害手段，已是无所不用其极。

档案资料

敌毒化芜湖, 烟馆增至四百家

（资料来源：《新华日报》1943年5月7日）

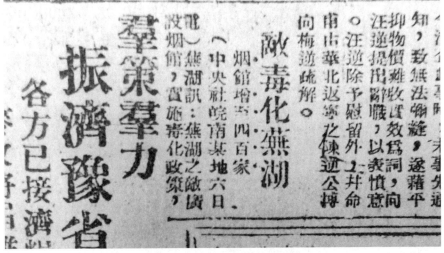

怵目惊心的日寇毒化政策

（资料来源：《新华日报》1938年1月11日）

苏浙皖地区敌伪毒化罪行调查表

（资料来源：芜湖市档案馆旧政权档案0302-0201-0451卷）

原各村商界将放各村商户在地之身寄人姓名列表如左。

放

地點	行商名稱	負責人姓名	姬備
南京	場成行	張洪義	
鎮江	鑫泰行	天永康	
無錫	裕盛行	張瑞晓	
蘇州	瑞豐行	秦士群	
杭州	大綸過行	梁鳴志	
嘉興	協泰行	羅洪義	
松江	松德行	徐長春	
穿汝	同泰行	羅瑞堂	
南通	源昌行	羅瑞堂	
楊州	場記行	徐長春	

二、每品牌銷及庒殘熙化情形。

日人	職銜	名銜	
廣別及	職銜		蒯中實

下表他。
八、歐為各村。

（下略）

	海軍武官府大佐		清水岩 又名戚老三
	陸軍特務長大佐		楠木資陵
	海軍大佐	宏端善寶身	陳群
警人	大佐	秀人	鍼幼食

芜湖县西北镇抗战期间人民被迫吸食烟毒及种植烟苗损失调查表

（资料来源：芜湖市档案馆旧政权档案0302-0101-0018卷）

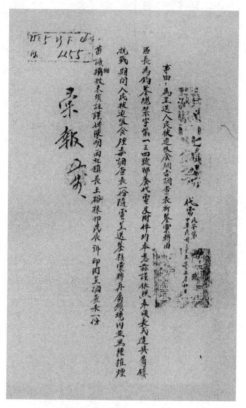

縣市別	吸　食　煙　毒						種　植　煙　苗		備
	原有居民人數			被迫吸食煙毒人數			所受經濟上損失原有裝日煙數	被迫種植煙毒數	所受一切煙消上之損失
	合計	男	女	合計	男	女			攷
芜湖縣城區	10183	5826	4355	55	43	12	310000元		
總計									

芜湖县政府查报敌伪毒化罪行搜集罪证

（资料来源：芜湖档案馆旧政权档案0302-0101-0592卷）

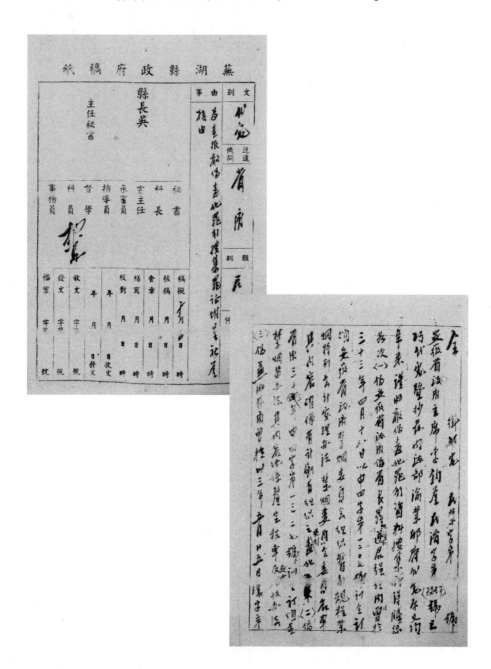

安徽省政府抄发毒化罪犯名单

（资料来源：芜湖市档案馆旧政权档案0302-0101-0230卷）

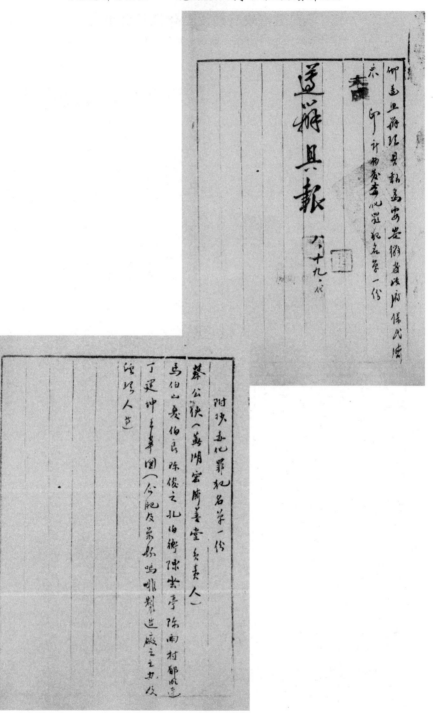

遵办具报

仰遵此辨理具报为要卷饬省政府俯处密

六 印 许物爱李地迁执名第一代

附块赤化罪犯名第一代

蔡公获（英阳宏陶善堂负责人）

马伯山莫伯良陈俊之孔伯衡陈尝亭陈雨村郁成之

丁运坤等等圆（今肥及苏杯鸣啡料造厂主为戊

泾珍人等

民间发现含毒粗碗希注意查禁

（资料来源:芜湖市档案馆旧政权档案0302-0101-0315卷）

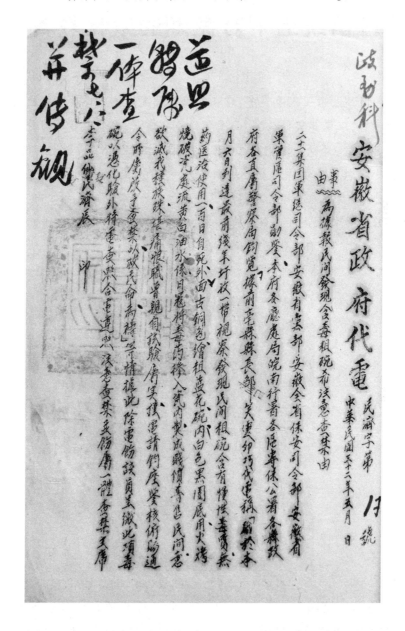

日伪统治下对芜湖的奴化教育

　　值兹大东亚战争声中,站在东亚共荣圈内之中日两国更应交相亲善,以谋邦交之敬睦,而图新秩序之建设,惟求中日两国趋于亲善之途,必须沟通中日文化,自应从小学教育入手,始克有济。盖小学教育为训练儿童之初步思想,中日两国,如于小学教育时期,对儿童敬爱友邦之思想加以彻底之陶冶,确定亲善之心田,则中日儿童将来成年必能一心一德,而敬爱友邦,协力以促进其复兴。故沟通中日文化须从小学入手。

——《沟通中日文化应从小学入手案》

侵华日军在安徽沦陷区内开设的日语讲堂

　　这是一份民国三十一年(1942年)十二月芜湖县伪政府第二次行政会议上的第五十九号提案,其内容为当时日伪政权大肆鼓吹"中日亲善",并试图通过小学教育手段,极力灌输"东亚共荣圈"、"新秩序之建设"等思想,其行为之卑劣,让每个中国人都憎愤不已。日伪统治时期,日本正是通过伪政权实施奴化教育,采取各种方式歪曲侵华罪行,摧残中国人民的民族意识和反抗意识,尤其从小学儿童入手,实现其民族同化政策,从而达到对中华民族实行绝对统治的目的。

1937年10月,日军派出飞机对芜湖进行轰炸,致使芜湖部分中学陷于停顿状态,另一部分中学则积极筹备外迁。抗战初期,芜湖中学迁往皖南山区继续办学的有4所。1937年秋,省立芜湖中学高中部迁往贵池杏花村复课;当芜湖、安庆失陷后,又继续内迁湖南,最终,该校被迫解散。私立广益中学迁泾县茂林,开始规模很小,学生只有75人,因校舍与新四军军部为邻,继而学生增至四五百人。私立芜关中学在沪战开始,即首迁南陵;不久,京、芜同陷,南陵逼近前方,又迁歙县,先在岩寺复课,翌年又迁往西溪南。私立建同中学经过筹备,于1941年在距屯溪5华里的梅林重建。该校以招收屯溪、隆阜等难民收容所的芜湖籍初中学生为主,约有学生200余人。另外,迁入大后方的有私立萃文中学;萃文西迁巴蜀,于1938年1月抵达重庆,校名改为"芜湖私立萃文中学渝校"。芜湖沦陷后,省立芜湖中学和芜湖女中大部分师生颠沛流离,几经辗转,一路到达湘西,在国立八中任教或就读;另一路到达四川江津,进入国立九中。当时国民政府创办这两所国立中学的目的,即为收容从日本侵略军铁蹄下逃难到后方的青年,以收容安徽籍流亡师生为主。

抗日战争期间,芜湖外迁以及战时在后方创建的中学,当时因情势危急,交通工具奇缺,举步艰难,又因途中敌机轰炸扫射,人员伤亡难免,图书、仪器损失不计其数,教学设备损失一空。

勉强留下来的学校也未能幸免于难。位于澛港镇的中心国民学校一切文物教具被日军芜湖警备队驻澛港分队焚毁殆尽,只留有空架破烂校舍。芜湖沦陷初期,十多万人口的芜湖城区,只剩有7所小学和2所中学,在校学生人数不及战前的四分之一,直至抗战中后期(1942年之后)设立的学校才逐渐增多。

位于芜湖河南(今芜湖弋江区)码头口的省立芜湖民众教育馆,在沦陷初期,馆内万有文库丛书、集成四部备要、二十四史等约8万册图书均遭敌焚烧,科学室的仪器全部损毁,无一幸存,图书室、大礼堂、仪器室、贫民诊疗所等平房10余间也被拆毁,材料作防御工事使用。

抗战期间,芜湖文化教育的损失是巨大的,其价值无法估算。

日本侵略者通过战争摧毁了芜湖原生的文化教育体系,同时为了巩固其占领区,在学校里、在社会上施行奴化教育、愚民政策,以期建立新的教育体系。日本侵华的战略方针是"欲征服中国,必先征服中华民族的心理"。为此,便把"思想战"、"文化战"提到了战略的高度,宣称对华战争是一个"总力战",而思想教育界应负起思想战全责。他们对学生和民众灌输"东亚联盟",宣扬"大东亚共荣圈",鼓吹日本军国主义和武士道精神,宣扬所谓"中日同种",鼓吹"日本属中国兄弟之邦"、"建立大东亚共荣圈"、"日满支亲善合作"等,以达到永远奴役中国人民之罪恶目的。日本侵略者在中国的沦陷区就是依据殖民统治的政治、军事需要,通过扶植傀儡政权,推行一整套以奴化、毒害儿童青少年的思想,并培养"愚民"为核心的奴化教育。

在这份《沟通中日文化应从小学入手案》中同时记载实施了奴化教育的具体办法:

> 一、为沟通中日文化,中日两国小学生每学期至少交换参观两次。二、中日小学教育成绩举行交换展览,每学期至少一次。三、中日小学生平时作文方面,应多以中日亲善与建设东亚共荣圈为题材,并以大亚洲主义与中日基本条约原则为作文中心思想,通知双方交换评阅中日儿童作文成绩,籍(藉)资灌输其亲善智识,而期中日文化沟通。

从这三项措施中不难看出,日本帝国主义是打着"文化交流"的幌子,实质是在推行"奴化教育"。芜湖沦陷期间,日伪还在芜湖设立了"日华语学校",其目的是试图通过日语学习,推销日本文化,培养中国人的亲日情感,吞噬掉汉语,从而摧残汉语所承载的中华民族五千年悠久的民族文化、民族思想、民族精神。民国三十四年(1945年)十二月《安徽省芜湖县敌军罪行调查表》就记载了日伪教育局,在位于芜湖公园路上的学校,"强迫读习日文、日语,从事奴化教育,灌输儿童"。

然而,面对敌人强压下的奴化教育,芜湖人民并没有屈服,他们克服重重困难,突破敌人的封锁,坚持在芜湖后方办学,宣扬抗战精神。据民国三十二年(1943年)六月芜湖县北植乡中心学校校长李浩白写给国民政府的信件记载:

> 校自开办以来,倏已三载,未曾被伪方注意干涉。现今军事已调整……实行清乡等工作事项,教育亦随之裁科设局,专责办理。本校施教区域,全系沦陷,迫近芜城(约十五余里),加之(多)年来教育,端(均)以抗建为前提,人所共知,民所共仰,故而引起伪方极目注视,勒令立案,否则严令封闭。职届伏伊势力之下,不胜惶恐,再四思维,将一个抗战教育之学校,顿时被逼改为奴化教育之名义,心实不忍,事属不可能肯停闭,不可立案,所抱恨痛惜者。本校设办有年,不知费下几许心血,学生国民获得抗建学识匮少(例学生升宣中及其他初中可证),今若一旦停闭,致使莘莘学子,苦无求学之所,诚可哀也。再据职之愚见,倘就闭后,伪方未必不重行(新)派员续办,学童未必不被强迫入校,有思及此,尤为深畏……

由此可见,日伪政权一方面在沦陷区内大力推行奴化教育,另一方面打压后方民族教育,通过强制手段进行关停,或勒令改办,以全面推行奴化教育,使中国永远沦为日本侵略者的殖民地。据档案记载,1942年北植乡中心学校的毕业生仅有5名。

日本帝国主义对我国的文化侵略不仅是其整个侵略政策的重要组成部分,而且比军事占领、民族压迫、经济掠夺更狡猾,更毒辣,更具欺骗性,危害也更严重。在民国三十一年(1942年)十二月,芜湖县伪政府第二次行政会议临时协议第一号议题《拟请成立中日文化协会芜湖县支会,以期沟通中日文化而获增进亲善关系》中,记载了日本通过设立"中日文化协会"的手段所施行的文化侵略。

中日文化协会旨在沟通中日文化，增进两国亲善关系，自南京总会成立以后，苏浙皖等省各大都市纷纷组成分支会，即如本省之蚌埠、怀宁两地，亦已先后组成，依据会纲努力实施，期能达到预期之目的。吾芜位居长江要卫，为文化之中心地方，教育向极发达，人民思想水平甚高。此次事变后，中日两国人民得相处惜□，隔阂易值误会，以致影响中日文化之沟通，而使两国之亲善之关系，亦为之阻碍。一县如此，在全国又何独不然见。以中日政府当局筹组中日文化协会于南京，各地纷起响应，意即在此。今芜既有中日国民相居一起，对于消除两国言语之隔阂，亦属当务之急。而消除中日言语之隔膜，唯有沟通两国文化为先，谋解决之道，实应早日成立中日文化协会芜湖分支会，以资尽吾人最大之努力，而完成划时代之使命。

针对日本文化侵略的手段，当时《新华日报》于1943年5月30日，发表了题为《注意日寇的文化攻势》评论文章，揭露日本的丑恶嘴脸。

日寇对我国沦陷区的所谓"文化政策"，一言以蔽之是彻头彻尾的要使我们亡国灭种的奴化政策，是企图彻底消灭我国民族文化与爱国思想的愚民政策，也可以说，在日寇叫嚣着准备"决战"的现在，他们的文化政策不过是企图摧毁中国人民潜在的抵抗力量，以便于加强剥削与统治的一种辅助手段。只是，太平洋战争爆发以来，为了配合他们的欺骗的民族政策，不得不在毒药外面加上一层糖衣，不能不在狰狞的面目上面浮出一些伪善的巧笑而已。

……

战场上的攻势还可提防，文化上的攻势容易会被人忽视其影响，这几年来日寇在沦陷区建立了无数的文化据点，统治了全部的新闻与杂志，沦陷区域十岁左右的小学生已经都能自由地讲日本语了，这在我们看来是一件值得警惕的事情。以文化对文化，在文化战线上我们应该放远目光，针对敌人弱点，再强调一次我们的文化政策：拿起我们的、民族的、民主的、科学的、大众的武器，来粉碎敌人的文化攻势!

　　历史的事实证明,中华民族的儿女自始至终都未忘记自己的国家、自己的民族,未忘记自己是炎黄子孙,奴化教育压不弯中华民族不屈的脊梁!

——档案资料——

注意日寇的文化攻势

（资料来源：《新华日报》1943 年 5 月 30 日）

社論＝注意日寇的文化攻勢

最近一個月來，敵偽間的所謂「文化活動」特別的頻繁，出席在南京舉行的「中日文化協會」第二次全國大會的敵偽代表鹽谷溫、武者小路實篤、谷川澈二之流正在敵京開「歸國報告大會」於四月三日到了，另一組自稱「文化使節」的無恥文人林房雄等又於四月到了北平。在日本法西斯帶對汪逆偽組織用交還產業、消租界等等表面的懷柔政策來進行欺騙宣傳的時候，取了上述的這種日益加緊的文化攻勢是值得我們特別注意的事情。

日寇對我國淪陷區的所謂『文化政策』，一言以蔽之是激頭澈尾的要使我們亡國滅種的奴化政策，企圖澈底消滅我國民族文化與愛國思想的愚民政策，也可以說，在日寇叫囂著準備「決戰」的現在，他們的文化政策不過是企圖摧毀中國人民澈在的抵抗力量的一種輔助的欺騙的民族政策太狗門的公言。以便加緊剝削與統制，為了配合他們的欺騙的民族政策，自洋戰爭發生以來，

不得不在毒藥外面加上一層糖衣，不能不在狩獵的面目上面浮出一些偽善的巧笑而已。

單從我們手邊所有的資料，也就很明白地可以知道，今後日寇對浸漫的多頭活動變成統一的強一定要從散漫的多頭活動變成統一的組織，一定要積極地加強，在上述的強文化代表「歸國報告會」中，大串苑氏男特別在的中央機關，來專門擔任的任務，從最近敵他們的目前急迫地需要推行的「文化工作」，從最近敵他們的發行新聞雜誌及推行其他文化工作的發行新聞雜誌及推行其他文化工作的動態可以看出下記的幾點：

第一是反共，這是日本法西斯帶不變的「既定國策」，在日寇指揮下，本月一日在北平成立了一個「華北各剿共委員會總會」反共文化宣傳的主要之間的思想上，他們的宣言和談話中一再的強調了「華北反共防蘇之間的思想上，不消滅中國共產黨在華北廣大人民大眾之不消滅中國共產黨在華北廣大人民大眾之的影響，「中日滿的提攜」也將無法實現，這都是日寇及其很狗們的公言。

費立潑斯 由印返美

（中央社紐約十一日路透電）據紐約美國銀行代理分行發表印私人代表費立潑斯已返抵美國。

加拿大公使 故期呈遞國書

（中央社電）外交聚息

54

芜湖县立民众教育馆销毁用具及奴化毒化刊物清册

（资料来源：芜湖市档案馆旧政权档案0302-0201-0638卷）

芜湖私立广益中学从泾县茂林迁回芜湖

（资料来源：芜湖市档案馆旧政权档案 0302-0101-0056 卷）

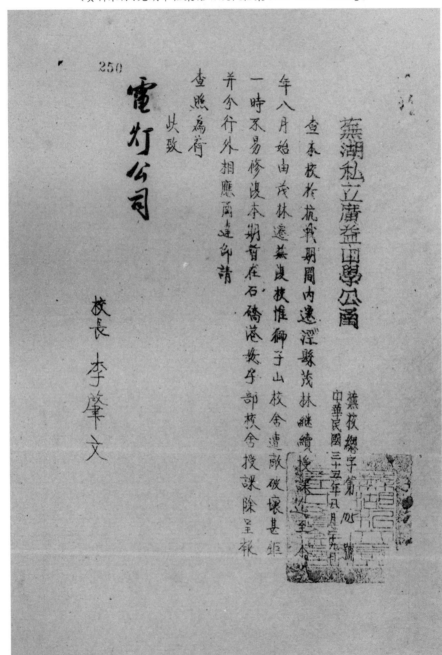

芜湖县北植乡中心学校校长李浩白写给芜湖县政府的信件

（资料来源：芜湖市档案馆旧政权档案0302-0201-0655卷）

居住證實行清鄉等工作事項、教育亦隨之裁科設局、專責辦理本校施教區域全

係淪陷迫近蕪城（約十五餘里）加之年來教育、端以抗建為前提人所共知、民所共仰故

而引起偽方極日注視、勒令立案、否則嚴令封閉、職屈伏伊勢力之下、不勝惶恐再四

思維、將一個抗戰教育之學校頓時改遍為奴化教育之名義心實不忍事屬芻狗何

能肯停閉不可立案、所抱恨痛惜者本校設亦有年、不知費下幾許心血學生逼民

獲得抗建學識匪少、（例學生升學中及其他初中可證）今若一旦停閉致使莘莘學子苦

無求學之所、誠可哀也、再據職之愚見、備就閉後、偽方未必不重行派員續辦

學童未必不被強迫入校有思及此、尤為處此危機……故於本校未停之先、處此危機

理合備文呈報

鈞長鑒核、有無應付方策、乞示祗遵、實為公便

謹呈

蕪湖縣縣長張

蕪湖縣北植鄉中心學校校長李子浩白

芜湖县北植乡中心学校1942年度下学期毕业学生名册

（资料来源：芜湖市档案馆旧政权档案0302-0201-0655卷）

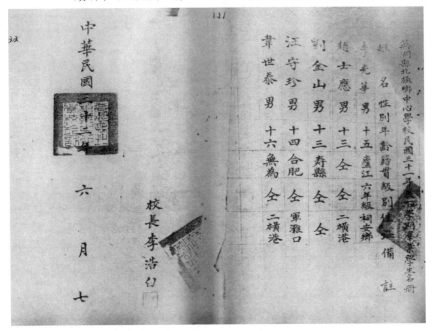

日本占领军对桃冲铁矿的巧取豪夺

　　据档案记载,安徽省繁昌县裕繁铁矿股份有限公司(以下简称"裕繁公司")创建于民国三年(1914年),创始人为霍守华。该公司自创建之初,即在繁昌桃冲一带开采铁矿。由于国内冶铁工厂很少,所以裕繁公司开采出来的矿砂多运往日本销售,并在日本设立分公司,总经理霍守华一年内数次往返日本。由于日本对铁矿砂"需求甚殷",所以霍守华在日本很受欢迎,在日本商界、政界以及民间都有一定的地位和影响力。

一

　　繁昌铁矿砂销往日本期间,日本政府以及日本制铁企业均曾以中日合办的中日实业公司为经手机关,对裕繁公司发放巨额借款。在其与裕繁公司签订的《售卖铁质矿石合同》中规定这一款项系预付铁砂价款,借款人可得年息六厘,合同期为四十年,本利陆续在输日砂价上报返。这样一种借贷还款形式,使得裕繁公司在经营上,可不受借款的影响,同时也足以证明日本对于当时铁砂需要的迫切心情。但这项借贷返还办法,属于日本方面自扣自还,这为后来计算本利留下了后遗症。

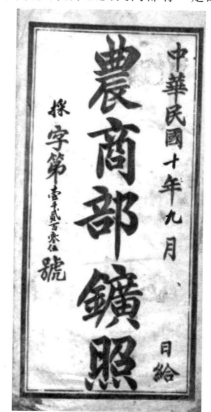

农商部矿照

原来，在裕繁公司矿砂输日期间，贸易对象有了变化。一开始，是由中日实业公司将铁砂转售东洋制铁会社，由东洋制铁会社预付砂价日金250万元，经中日实业公司转付于裕繁公司收领。民国八年（1919年），东洋制铁会社闭歇，不再需用矿砂。中日实业公司遂将铁砂转售日本国营八幡制铁所，大藏省预金部预付砂金400余万元，并由正金银行交中日实业公司转裕繁公司收领。

上述债权关系，由于东洋制铁会社于民国二十年（1931年）完全解散，债权主体不复存在，裕繁公司鉴于此事于己有利，事不关己，当然高高挂起。而大藏省的预付款，后经日方计算本利为610万元，日方拟予追偿。然而实际情况是，此项借款本金仅为400万元左右，系预付砂价，历年由八幡制铁所于支付砂价之外，每吨另付1.85元，积存于正金银行，由其自扣自还。故此项款由日本国库支出，又由日本国库经营的企业自行支付，其间为大藏省赢利不少。在此之前，由于这种还本付息方式与裕繁公司并无太大影响，所以裕繁公司并不太理会。民国十六年（1927年），日本国内取消此种转账方式，由于这与裕繁公司并无直接关系，所以裕繁公司仍然没有过问。

自民国八年（1919年）至战前民国二十六年（1937年），双方各取所需，心照不宣。在日本方面，借款系预付砂价，一直是自借自还。因此只要能够获得矿砂，供其军需就好，同时可以钳制裕繁公司，于己有利，因此他们听任借款成为悬案；而在裕繁公司方面，亦认为借款由日方自扣自还，账目清结与己无关，只要铁砂能够卖得出去，借款虚悬，本无影响，且每吨矿砂均有不同额度的收入积存在正金银行账上。岂料到了1937年，日方忽然提出裕繁公司尚欠大藏省本利610万（本金400余万元）；尚欠东洋制铁社本金250万，本利计算也高达601万。两项借款系根据同一合同、同一利率，结算至民国廿六年（1937年），但是本利总数均达600余万元，实在让人大为诧异。显然，这是日方恶意计算，任意作为，显然不可相信，此其巧取豪夺方式之一。

二

就全中国而言,日本侵略军进占中国以来,所有各地矿产,在其军用迫切需求之下,予取予求,不待合作,即可为所欲为,繁昌桃冲矿就是一个典型的案例。据日本人矶谷光亨交待:由于裕繁公司经营的桃冲铁矿属于军需物资,对于日本发动侵华战争具有极为重要的作用。民国二十八年(1939年)初,敌华中矿业有限公司(简称"华中公司")开始计划对桃冲铁矿进行恢复性开发。作为华中公司的总经理,矶谷光亨认定裕繁公司尚欠日方巨额款项,而且拥有矿业产权。在此前提下,他提出通过协定方式取得租行权,加以经营。作为回报,他将付给裕繁公司租金中的一大部分,充作偿还借款之用。于是,他拟定了《桃冲处理要领》(以下简称《要领》)、《当时开采产额契约》(以下简称《契约》),其中《要领》规定:"(1)铁山现物,不作为出资(否认桃冲矿土地设备股权);(2)租金充抵借款;(3)收买现有设备,其代价冲抵借款偿还之用;(4)与裕繁公司订约,实施上开要领。"《契约》规定:"(1)每出煤一吨,付与裕繁公司一元五角之租金;(2)依上开第一条计算,月付裕繁公司三千元,租金超过三千元者,其超过额均充借款偿还之用;(3)收买设备代价,均充借款偿还之用。"显然,这是霸王条款。该公司常务董事细木盛枝亦实话实说:裕繁公司以"华中公司不给任何代价",甚为不平,遂屡次向华中公司交涉,"斥其处置为不当"。即使是如此霸王条款,经华中公司上报日本兴亚院联络部转交东京内阁,仍然没有得到批准。究竟是何原因,并无记载,然华中公司总经理矶谷光亨一语道破天机:"凭日本皇军军事的占领效果,开采区区矿石,根本不成问题。"

日本内阁的态度,甚至矶谷光亨的态度,使得华中公司在占领桃冲矿期间,对《契约》中约定的租金竟然也是分文未付,这使得霍守华异常难堪。后来他以生活困难为由,请其代理人藤井元一出面讨要生活费。为敷衍起见,日方以"残存设备收买费"名义付给霍守华18.525万元,这与桃冲铁矿战前设备总价、借款数量明显不相称。实际上,霍守华是否真正得到这笔款项,依然是个谜。因为依据《要领》

和《契约》，裕繁公司不能以桃冲铁矿为"现物出资"。而其收买设备之代价，亦作为充抵借款偿还之用，并不直接支付给裕繁公司。由于无论设备是否被收买，裕繁公司均得不到价款，所以霍守华是否能得到这笔款，不得而知。此为日方巧取豪夺方式之二。

三

日方为了并吞桃冲铁矿，曾造出谣言，声言华中公司通过霍守华的代理人藤井元一，得到霍守华的"密诺"，即：只要日本政府许可，可立即实施调印，转交经营权。但"密诺"根本无法查证，极可能是日方虚构。由于"收购"行不通，《要领》与《契约》的方案也没有得到日本政府的认可，所以，这一阴谋直至抗战结束，矶谷光亨始终不能如愿。但由于华中公司曾经得到裕繁公司关于"开采矿砂"的承诺，所以华中公司则以"商租"的形式开始独自经营。裕繁公司既不以现物出资，又不参与"事业管理及经营"，不参与损益分配，契约上说的收取租金，也是积存在日方账上，而矶谷光亨更是以军事强势相强，表示"暂不支付"。

日方巧取豪夺的方式更甚者，是肆意压价。按照售砂合同的规定，砂价系按照裕繁公司成本计算，并使每吨享有一定的利益（不同时期不同对象额度不一，有1.85元、1.5元、0.5元、规银一两之分）。而借款的扣还方式，除了由日方支付上述砂价给裕繁公司外，另外再支付若干款项给借款人，作为借款本利偿还之用。

早在民国初年，中日双方公司就在《售卖铁质矿石合同》中规定，裕繁每售砂一吨，应得规银一两。可当裕繁公司每次将铁砂成本账送达中日实业公司，请其核定砂价时，日方公司均将砂价压低至成本以下，纯利规银一两更未给付。而抗战期间，此种情况更为严重。在日方拟定的《契约》中，虽然约定"每出煤一吨，付与裕繁公司一元五角之租金"（后据细木盛枝交待，日方是以每吨0.5元结算），但并无中日双方分配盈余的规定。而且根据《契约》规定，月超出三千元部分、设备收购费等均充抵借款。由于经营业务，全部由日方公司管理，所以裕繁公司除了每月三千元的租金之外，已经将该矿全部设备、资产及营业权等一举送交华中公司。

就是这三千元租金，拿来也是困难重重。日方声称曾于民国卅四年（1945年）五月五日，支付给裕繁公司方面35万余元，然而随之要求裕繁公司出具的收据备忘录却是："兹依贵公司之暂定处置，先收桃冲铁矿'当时开采产额契约金'价款，计三十五万二千九百二十元无讹。设日后因日军当局另有指令，致贵公司欲取消或变更右述暂定处置时，本公司对贵公司所提出之要求，自无异议。"

日方何以大发善心，愿意支付这35万元租金？一方面可能是由于日本中支那振兴会社的劝告或者协议，因为他们不能"竭泽而渔"；另一方面可能是在等待日本政府承认。在此之前，只是以"暂支"形式付出，并不表示真心。而实际情况是，据裕繁公司介绍，所收到的款项并未进入公司账户，而是进了另一个日本人的腰包。这是因为此前由于藤井元一曾通过华中公司向裕繁公司讨要战前转借给裕繁公司的25万元本金，截至民国三十四年（1945年），合计本利应有30多万元。所以，裕繁公司只是纸面上承认收到这笔款项，而实际款项则进入细木盛枝口袋，裕繁公司依然两手空空。

档案资料

桃冲铁矿采矿执照

(资料来源：繁昌县档案馆历史档案 024-1w1-005 卷)

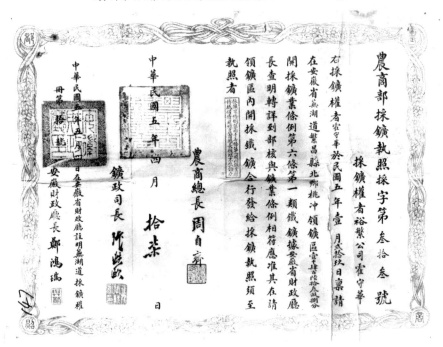

裕繁公司申请发还敌占繁昌桃冲铁矿

（资料来源：繁昌县档案馆历史档案024-1w1-003卷）

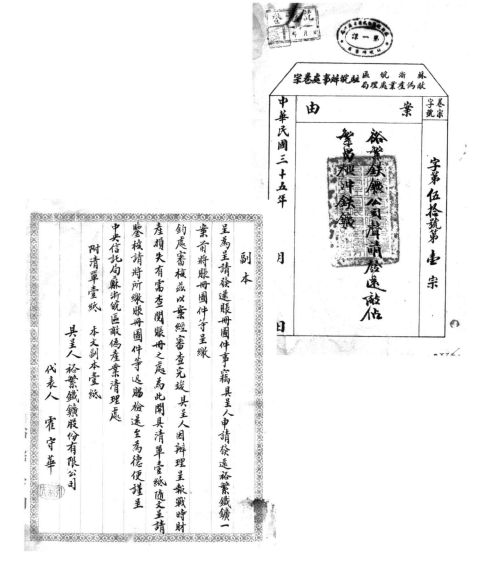

华中矿局
意见

安徽裕繁公司呈请发还铁矿一案，据称该矿自抗
战军兴，即被敌华中公司强佔，并未与敌合作，请准发
还等语，经晋庭理后皖属及令属专费转函接晋
该矿之资委会华中矿务局调查，正电杭述，届时经年
而有关机关如经济部清查团及华中矿务局又各有
意见，挂节复杂，阁保重大，兹分陈如左：

一 资委会华中矿务局认为该矿务局战前向日政府及
资委会华中矿局借款，并将全部铁矿卖给
正金银行借款，并将全部铁矿卖给华中矿业
至抗战期间，该公司运输设备，经敌华中矿业
公司详偿收买，计付日金十八万五千二百五十元正，其碴
作已无疑问。

日人报告

二、敌华中公司日人报告要点

（甲）敌公司谷光亨之报告

民国卅年初，敌华中公司开始计划桃冲铁山之复商
开发，认定裕繁公司为有矿著权者，右此前提之下，以为
投资，提出敌公司曹对该矿支付矿款
华所具贵书为证，并认定该公司战前战后均
曾与敌合作。

区委经敌华中公司商租，计付当时开采契约金偿
款计日金卅五万二千九百二十元，由该公司代表人霍守华
出具觉书收领又敌华中公司曹对该矿支付矿款

先作偿租款之信还为最适当，逐作成具体案，程文聘里
协定浮租行权，如以经营将付出裕繁公司之租金相互抵偿，
开发，认定裕繁公司为有矿著权者，右此前提之下，以为

院连络部转到东京，电其承诺，该案即「桃冲铁山处理要领」，包括华中公司与祛絜公司欲提结缔之契约案，围其卖约案、华中矿业公司曾通过霍守华代理人藤井某、预得祛絜公司密诺，若日本政府方面许可，可主即实施调印，但东京方面迄不批准，终至华中矿业公司与祛絜公司说明情，司亦不得不放弃，直至停战结局，同契约，呈来缔结，但该公司曾对祛絜公司庸抹之浮诺，至卖约案所，由求其了解，因得该公司租金，而积存社内之理由，乃因华，载之租金，则於多次真期积存而储置之，阁於不支付祛絜公司租金，而积存社内之理由，未经日政府批准，吉时日方另，中公司提议学董院主案件，局中又有反对如此作风者，且对祛絜公司之有桃冲铁山

镀业权，亦不告怀疑，凭日本皇军军事的佔领致果南，诛区区碳石，根本不成问题，因将此项租金，暂不支付，顾霍守华氏屡债其代理人藤井来社诉说生活之困难，要积租金付与，姑甚可哀，遂付与残存设备收买代偿计金十八万五千二百五十元，结至民国卅六年左右之借款：

(1) 东洋製铁会社　　　二，五〇〇，〇〇〇日金
(2) 大藏省预金部　　　四，二四六，七四〇日金
(3) 浙江实业银行　　　七五〇，〇〇〇日金
(4) 上海方面数家　　　五九九，四七二日金

(1) 大藏省预金部　　　六，一〇〇，七六，三二日金
结至民国卅三年末本利总计。

(2) 中日实业公司　一九〇〇、二〇、三、八日金

(3) 浙江实业银行寺　二九七〇三、二〇、九四角、

(4)「桃冲铁山处理要领」　兴亚院华中联络部　二五、二、三。

要点摘录如左：

(1) 铁山现物、不作为出资

(2) 租金充抵借款

(3) 收买现有设备、其代偿充抵借款偿还之用

两契约要点

(1) 与该繁公司订约、实施上庸要领

(2) 每出矿一峡、付与祛繁公司一元五角之租金、

(2) 依上摘矿转营计算、付给祛繁公司三千元、租金超过三千元者、其契

建铁均充借款偿还之用、

(3) 收买设备代偿、均充借款偿还之用、国未经敕政府批准、均未见实行、且

未经双方签字。

(丁) 献翁常务董事细木威枝报告

以上要领及契约、国未经敕政府批准、堆进补

谓据昔内宏大坂与碳谷充享之报告相同、

声明祛繁公司、爱以华中公司不给任何代偿、甚为不平、

逐屡次向华中公司交涉、�其处置为不善、两华中公司

则以多经日政府批准、专医解决、乃至和平为止、姤终为

一悬案、

又称华中公司於民国廿四年支付日金廿万元事、摘度

其信形、「碍係华中公司因上述」政府方针、多年不决、致若

68

案、被业亦以无喂一元八角五分、五角及规银一两等为题

案、在彼此交易繁颜时期、以悬案对题案、既相去肌远、

两不清真、似去图偿、故日献自民国五年七月起至艾

年自抗戦単兴時止、十餘年末、此帝价行偿、置借

款亦不同、不两自机自运、被业则以此店为理由主张日献

已自将债权取消、不後存在、此玫理电、以末见诸文字图难

认母有理、惟以题善对题案第一点、似那绝去其亭、本会清

算日献债权自不能仍任塵悬、事図財務及清真窯図、

拟请　財務组核算其昰否有专、仍请

钧奪、

謹呈

纪長陳、

账冊易存、移財務组

時、拟将账

冊一俳移送、

職王北昌謹簽癸亥

朱浙皖區處理敝逆產業審議委員會松書處

清皖　主若逆掟爪嘉辰

鈔徑　允签後

家党诚司行錄在抗戦营生前阶爪又貝人之债務業已償

陳城返清题一纲主室丁倍清　財務還找算主知爱

债不明暸之废丁淘本坦王光昌主任

朱浙皖區處理敝逆產業審議委員會松書處

69

芜孙铁路——从建成到拆毁

　　芜孙铁路,即芜湖至宣城孙家埠铁路,该路于民国二十二年(1933年)七月,由芜湖江南铁路公司筹款兴建。由于利用了原有芜湖至湾沚32公里的铁路路基,所以86公里的芜孙铁路于民国二十三年(1934年)十一月建成通车。抗战胜利后,芜湖江南铁路公司致函芜湖县政府及方村区区署,拟派员调查芜孙段铁路损坏情形以备重行修建,请求所在地乡镇公所妥于协助。

侵华日军在芜湖铁路沿线进行扫荡

　　函称:

　　窃查本公司江南铁路芜孙段于日敌占领期间遭受破坏,所有沿线钢轨桥梁除被日军拆卸运走……兹因奉命接收,关于该段损坏情形亟需调查清楚散落各地材料,急需搜集保管以备重行修建。所以本公司派员在沿线工作时,拟请饬属妥于协助保护。

　　芜湖县方村区区署根据芜湖县建路字第276号文指示,协查芜孙段铁路经过本区辖境内所有沿线钢轨桥梁损坏情况。民国三十五年

70

（1946年）一月十三日回函称：

> 区署当即派本署职员陶绍森前往详查,兹查明情形如下:(一)本区陶辛乡杨家渡段起至小河口路基依然未坏,钢轨全无,杨家渡、小河口两座铁桥均有损坏,桥面杨松全毁;(二)本区周皋乡由小河口段起至三翁铁桥段止(湾沚边境)路基损坏,桥梁钢轨完全被毁,唯钢轨桥梁,据当地人民讲,系日军拆除乘汽车运走。

芜孙铁路建成通车到完全毁坏,历时仅十一年左右,然命运多舛。那么,芜湖沦陷后,芜孙铁路又经历了什么样的遭遇,又有哪些鲜为人知的故事呢?

1937年11月26日,侵华日军飞机首炸宣城小东门火车站,致使芜孙铁路遭到第一次打击。随后由于日军推进太快,由苏州太湖逼近广德,即将进入安徽境内。迫于形势,国民党政府严令当地驻军破坏路基、桥涵、隧道,拆除轨道,芜湖湾沚铁桥亦于当时被炸。

由于国民党第三战区长官司令部驻扎徽州屯溪(以下简称"徽屯"),侵华日军出于军事进攻的需要,耗费时力修复了芜孙铁路芜湾段(芜湖至湾沚)。芜湖作为日军兵力集中地,而湾沚则成了扫荡南(南陵)、繁(繁昌)、芜(芜湖)边界的据点,也是进攻徽屯的前哨阵地。

芜孙铁路芜湾段途经芜湖县境内埭南圩、陶辛圩,沿铁道线西侧有尚未沦陷的十连乡、白沙乡,路东有芜湖县政府路东办事处,行使县政府职能。十连乡、白沙乡毗邻尚未沦陷的南陵县,芜湖县政府就在紧靠南芜边界的俞家埠一带。在铁路沿线两侧,活动着各种抗日武装,有长官部京芜线游击第一支队(苏支队)、忠义救国军三纵队三支队(贾支队)以及芜湖、南陵两县国民兵团、自卫大队,芜湖县陶辛、石硊等区队,驻扎繁昌的新四军也时常到周边地区活动。尤其是驻南陵铁道破坏队经常对芜湾铁路进行破坏,他们炸毁铁路,破坏日军的运输线路,杨家渡和小河口铁桥常常成为他们主要的攻击目标。1943年2月,忠义救国军贾支队就将芜湾铁路杨家渡铁桥炸毁,并击毙日军数名,缴获枪支若干。

1943年9月3日意大利向盟国投降后,世界反法西斯形势发生了重大变化。美英决定加强对日作战,在远东战场部署全面反攻,给了侵华日军很大的压力。日本侵略者为了稳定军心,着力扶持汪伪政权,他们一方面注意收缩外围兵力,另一方面加紧对中国抗日武装的进剿。

1943年9月底,侵华日军在宜兴召开军事会议,部署在苏浙皖边界展开一次较大规模的战事,战役目标就是徽屯。日军号称从武汉、江北等地集中抽调第七、八、九、十二、十三、十四共计六个师团的兵力(实际为两个师团),以芜湖为出发地,分三路向徽屯发起攻击。其中,一路由芜湖经繁昌、南陵进袭;一路由芜湖经广德、郎溪进犯;还有一路由芜湖出发,经湾沚、九里山、宣城、孙家埠、水东、河沥溪(宁国),向徽屯进攻,日军高级指挥官佐藤则坐镇湾沚。

由于芜孙铁路遭到破坏,铁道运兵只能到湾沚为止,延缓了侵华日军进攻的步伐。芜湾段铁路虽然屡遭抗日武装的破坏,但日军加强了控制并且不断修复,所以仍然承担了进攻徽屯的主要运兵任务。芜湾铁路两侧贴满了日军进攻徽屯的标语,气焰十分嚣张。

侵华日军到达湾沚后,再要前行就只能依靠水路和公路了。于是,他们加强了水路和陆路的运兵任务。水路是由芜湖经湾沚、水阳、新河庄出发,情报称"有敌四五千人,装备齐全。""敌汽艇两艘,满载弹药,上盖栗柴以资隐蔽。""敌机两架,在西河附近盘旋侦查。"陆路则由湾沚到红杨树至九里山公路运输,约有"步兵两千人,骑兵约千人",并"在红杨树一带每保(10户为甲,10甲为保)强征便衣十套",成立"便衣队"。据《新华日报》报道:"10月7日,有军用汽车多辆,满载敌兵,由宣城西南九里山(芜湖县境内)向宣城开驶,其中有二辆车是强征来的中国驾驶员。两名司机不愿为日军效力,残杀同胞,途中,他们开足马力,将车开到河中,两位司机和两车敌兵同归于尽。"

1943年10月2日,侵华日军攻占宣城及长桥一带。10月4日,国军五十二师将日军诱至孙家埠,进行伏击,激战一昼夜,日军死亡甚多,国军五十二师亦有伤亡。10月7日,日军先头部队进抵河沥溪,但随着战斗的发展,敌攻我守的形势有所逆转,到10月17日,日军大势已去,有情报称"敌运芜伤兵络绎不绝,足证敌战事失利。"

在这期间,日军后方包括芜湖城区及芜湾铁路、公路亦屡遭抗日武装破坏,日军风声鹤唳,惊扰不已。芜湖火车站被安装了用麻袋包裹的"按时弹",芜湾铁路不仅停止客运,甚至连伪机关人员都不准搭载。红杨树到九里山、湾沚到宣城的公路均被炸毁,清水河一带炸毁日军汽车一辆,炸死日本军官一名。就在这次日军发动的苏浙皖战事接近尾声的时候,1943年10月27日,驻南陵铁路破坏队再一次将芜孙铁路芜湾段杨家渡铁桥炸毁。

侵华日军进攻徽屯没有取得预期效果后,对芜湾段铁路失去了信心,于是下令拆毁。据《新华日报》1944年4月28日报道:"敌寇把安徽芜湖到湾沚间的铁道,全部拆毁。所有的铁轨都运到安庆去。他们打算利用这些材料,建造安庆到九江的铁路。"由于侵华日军的这一掠夺性行为,致使芜孙铁路芜湾段全线道轨、枕木消失殆尽,无一遗留,芜孙铁路也"香消玉殒",只留下一段记忆。

档案资料

江南铁路公司派员调查芜孙段铁路损坏情形

（资料来源：芜湖市档案馆旧政权档案 0302-0201-0296 卷）

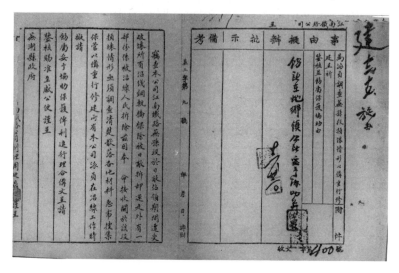

芜湖县政府报芜孙段铁路沿线钢轨桥梁损坏情形

（资料来源：芜湖市档案馆旧政权档案 0302-0201-0296 卷）

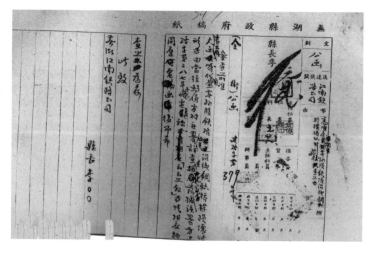

芜湖县方村区区署查报芜孙段铁路沿线钢轨桥梁损坏情形

（资料来源：芜湖市档案馆旧政权档案 0302-0201-0296 卷）

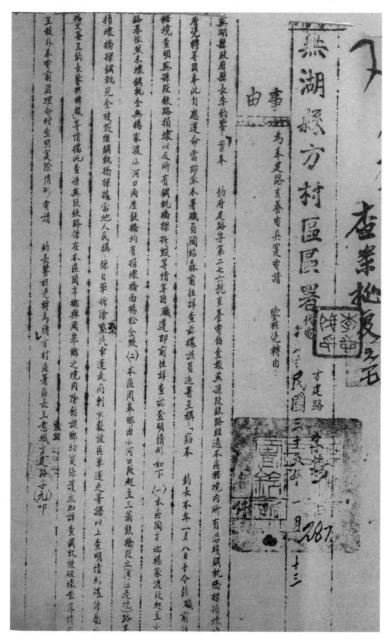

75

抗战前后的芜湖机场

民国二十三年(1934年),时任安徽省第二区行政督察专员兼芜湖县县长王铸人,奉命调集芜湖县周边7个县的2万多名民工,聚集到离芜湖9公里的东北角,京芜公路(今宁芜公路)旁边的湾里一带,安营扎寨,挑土平坡,修建芜湖飞机场(俗称"湾里机场")。当时修建的机场十分简陋,跑道长度只有1000米,只能供轻型螺旋战斗机升降着陆。

1937年10月5日晨,侵华日军出动11架飞机,经高湾窜到芜湖境内,在城郊十里牌、湾里机场,"投弹十余枚",炸毁停在机场上的10余架飞机,炸毁机场仓库一座,机场遭到彻底破坏。据当时的目击者称:"炸飞机场时,炸了好多国民党的飞机""机场附近的房子全部被烧毁了""炸飞机场时,在我们北乡(即湾里机场附近一带,芜湖人称为'北乡')这一块,炸了不少房子,亲眼所见就是家门口有好多房子都被烧掉了"。芜湖因此成为一座无空防的城市。

1937年12月10日,芜湖沦陷,机场遂被日本空军占领。次年,侵华日军为了扩大侵略战争的需要,对芜湖机场重新进行整修扩建。日军采用控制芜湖及周边市场食盐供应的手段,强迫民工来机场挑土施工抢修机场,收工时每人发两小碗食盐作为劳役费。一些亲历者介绍说,"小日本把飞机场炸完后,又通过地方乡政府派工修理。由于彭××在修机场时,一天没有上工,被小日本找到啦,从背后臀部就是一刺刀,没几天他就死了。还有一个叫齐××的也是这个情况,被连打4枪,当场被打倒了","对强征来整修机场的劳工,搞得不好还要挨打,如果我们队站得不好,日本人也要打。劳工做一次,给点盐或五角钱""劳工排队领盐时,有的被认为领了两次,鬼子就乱打,还不给劳工们喝开水,劳工们都渴死了",可见日军的凶残与暴戾。

日军整修扩建的芜湖机场，跑道长 600 米，土质碎石路面。虽然是简易机场，但停靠飞机最多时达 109 架。机场修复不久，就遭到我空军的多次轰炸，据《新华日报》援引"中央社"（1938 年 1 月）十四日电报道："我空军连续在芜湖轰炸敌机，据确实调查，芜湖机场停敌机五十余架，我机三架飞往投弹，炸毁敌机三架，伤五架。"1938 年 4 月 30 日，芜湖机场再度遭到中国空军的轰炸。报道称："我飞机××架，飞往芜湖南京一带侦察。当到达芜湖敌盘踞之机场时，见该场停有未起飞之敌机四五架，即集中投弹，均命中起火。投弹后，敌驱逐机一架，追踪我机。但因我机速度甚快，敌望尘莫及。"

尽管如此，侵华日军仍把芜湖机场作为轰炸中国其他地区的"中转站"，多次在这里起降飞机，到中国内地进行轰炸。1939 年 8 月，日军飞机轰炸武汉时，从芜湖机场起飞的轰炸机就有 108 架。1941 年，太平洋战争爆发后，日军为防备空袭的需要，又强征劳工，在湾里机场附近修筑 14 个隐蔽洞，作为日军飞机防御掩体工事，人称"机笼子"。

1945 年 9 月，侵华日军投降撤退时，不愿意将芜湖机场留给中国军民，于是进行狂轰滥炸，机场的一切军事及房屋建筑都被破坏殆尽，几乎成为一片废墟。

抗战胜利之后，国共和谈破裂。国民党当局为了适应内战需要，曾下令调查，欲行修复全国各地的飞机场，芜湖机场自然也列入其中。1946 年 3 月 28 日徐州绥靖公署密电各专县，要求查明"现有堪用机场名称，位置、滑走路长度及负重吨数暨经破坏之待修机场名称，位置及约需工程"等。4 月 4 日，安徽省第六区行政公署督察专员兼保安司令张威遐要求芜湖县政府"查明飞机场情形具报"。芜湖县政府在随后呈报的《安徽省芜湖县飞机场平面图说》中注明："位置：本县北门外沿京芜公路之濮家村，离城 12 里；面积：计 10454400 平方尺；跑道长度：计 1200 公尺；隐蔽洞：每头计 5 个，共计 10 个；宿舍：早经破坏，其工程未加估计。平面图标明飞机场上宽 9640 尺；两边各长 3690 尺，中间为 1200 公尺。"因修复被日寇严重破坏的军用机场，耗费巨大,所以芜湖机场修复未列入计划,因此并没有修复。

1946 年 8 月 31 日,芜湖县县长许汉三委派本县技佐徐开锦(技佐为旧中国技术人员的官职,大约相当于今天的技术员或助理工程师一类)前往芜湖航空站调查。9 月 3 日,徐开锦在写给县长许汉三的《签呈》中说:"本县飞机场一带,查询系属玩咸乡飞行保,经询保长周厚田告称,飞机场内刻无航空站之设立,亦无派人管理,现均蔓草丛生。敌人来此时,将原有飞机场东段加长二里有余,宽度一里有余(指新开东端宽度),侵占民田估计在三四百亩"。9 月 4 日,县长许汉三批示:"拟派员前往查勘,将敌伪所侵占民田划为合作农场。"9 月 6 日,芜湖县政府又派其县设计委员魏兆华和技佐徐开锦再往查勘敌人侵占民田至机场绘图县报。

1946 年 9 月 21 日,芜湖县政府接到省农林厅通知,将有一批新式农具送达本省,本省拟先筹设示范合作农场分配使用。因此要求各县迅速选定适当场地,以地势平坦,土壤肥沃,灌溉便利,交通畅达,面积达一千亩以上者为原则。芜湖县政府接到省农林厅通知后,即行文要求农业推广所立刻成立合作农场,并速往查勘飞机场前敌人侵占民田。11 月 2 日,魏兆华在给许汉三县长的《签呈》中说:"会同该地飞行保王保长,按照敌人侵占新段详细测量,面积约三百八十余亩,查该地段原为农作良田,土壤肥沃,其周边附近均有水塘,利于灌溉,北面之沈塘,长约数里,东北沿京芜公路,交通运输亦复便利。"但由于实际场地面积不足一千亩,推广使用新式农具有困难,所以成立示范合作农场的计划就此搁浅。

芜湖解放时,湾里机场只遗存 14 个"机笼子"残骸,场地弹痕坑洼,荒草丛生。

档案资料

芜湖县技佐徐开锦呈报芜湖机场勘察情形

（资料来源：芜湖市档案馆旧政权档案0302-0201-0042卷）

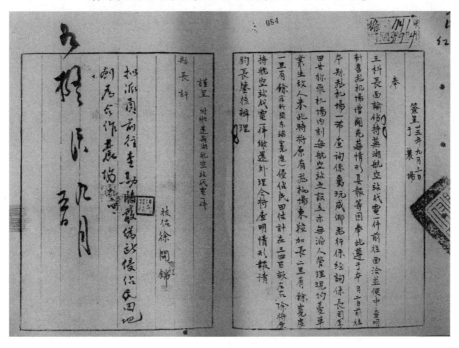

芜湖县政府派员赴飞机场查勘敌人侵占民田情形

（资料来源：芜湖市档案馆旧政权档案0302-0201-0042卷）

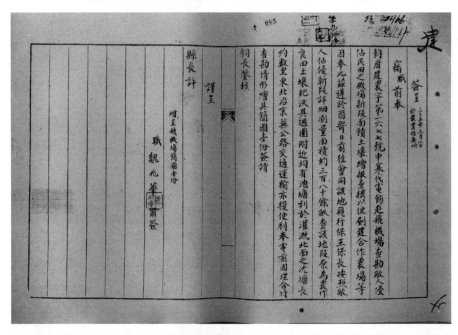

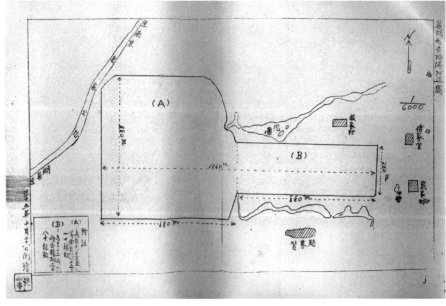

芜湖县飞机场平面图及说明

（资料来源：芜湖市档案馆旧政权档案0302-0201-0296卷）

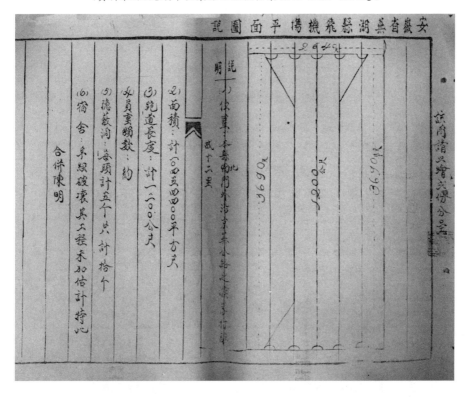

日军蛮横扣押邮件破坏邮政

1937年12月10日,芜湖及其周边部分地区成为沦陷区,而芜湖县的十连、白沙两乡及南陵县全境尚未沦陷,处于沦陷区与未沦陷区之间的区域被称之为游击区。侵华日军占领芜湖后,在沦陷区的边缘地带设立了许多哨卡,并筑有碉堡,挖了壕沟,围以铁丝栅栏,架设"封锁线",由日、伪军警站岗把守,盘查过往行人、货物。行人进出需胸前挂"良民证"(后改"县民证"),行人见到日军须口称"太君",并行鞠躬礼,稍有疏忽,便遭毒打,乃至致残或丧命。

侵华日军在赭山脚下芜湖中学设立警备司令部

凡是由未沦陷区到沦陷区或由沦陷区到未沦陷区的,不论是可疑的还是正常的,只要日军认为有嫌疑,就严加盘查,甚至扣押。但按照国际公法的有关规定,邮政业务确保正常开通,平民通信应该受到保护。但在侵华日军铁蹄践踏下,这一国际公法遭到悍然践踏。在芜湖日本宪兵队的机构序列中,专门设有邮电检查组。日军的宪兵、密侦队、特务队通过设立关卡破坏邮路正常运转。

当时芜湖地区的通信传递方式主要有两种,一是水班(即水路),用木船通过河道传递;一是旱班(即陆路),雇佣挑夫将信件送到某地集中转递。1939年11月4日,南陵至芜湖(简称"南—芜")旱班邮差朱崑山,由南陵挑运邮件两袋送往芜湖一等邮局(简称"芜湖邮局")。由于这是从未沦陷区送往沦陷区的邮件,中间须经过游击区,所以遭到了日军岗哨的恶意盘查。当朱崑山午后三时许经过离芜湖四十里的福禄山(芜湖县石硊镇境内)时,遇见日军一个哨卡。守卡的日本士兵喝令朱崑山停下,接受检查。朱崑山当即申明,这是普通邮件,不应受到检查。但日兵根本不听,执意将邮件封套撕开,逐一检查。检查过程中,他们不仅检查邮件封面,查找可疑线索,还肆意撕坏封套,检查邮件内容,这样蛮横无理的检查长达两小时左右。检查结束时,他们认为其中部分信函邮件及印刷品有抗日嫌疑,要挑出来予以扣押,并送邮电检查组继续检查。其余部分则喝令朱崑山赶快装入邮件袋内,并且不让他整理那些被随意撕破毁坏而散乱一地的邮件封套纸。朱崑山当时恳求日兵,让他将封套碎纸拾入袋内,回去再分拣整理,并请出具检查证明文件,以便回去汇报,明确责任好交差。但该日兵执意不肯,仍然威吓连连,而且非常蛮横地将封套碎纸焚毁,并威逼朱崑山立即挑着邮袋离开。在这种情况下,朱崑山只好离开。由于这时已是下午五点多钟了,天色已晚,路途也不好走了,朱崑山只得将邮件挑至附近村庄寄宿,第二天早晨才来到芜湖邮局交差。

在芜湖邮局,朱崑山向收发主任报告了在途中遇到的情况,收发主任当即详细查核南陵发来本埠或转递的邮件,发现均有遗失。收发主任当然不相信会有这样的事情发生,于是就询问其他两名承担南—芜旱班邮差。据他们讲:该日朱崑山所运邮件被日军开拆检查,确系实情。他们还听石硊镇维持会人员说:当日被日军中途检查之邮件,并未查得任何重要关系邮件,以后可能不致再发生同样情况,请他们放心,不要害怕。此事遂告一段落,芜湖邮局经清点,编制了《南—芜旱班邮件中途被日军检查现在核对所知之遗失邮件表》,呈报安徽省邮政管理局备案。

附:南—芜旱班邮件中途被日军检查现在核对所知之遗失邮件表

号码	邮件种类	原寄局	接收局	件数
67	快单	南陵	芜湖	1
2	快单	贵池	当涂	1
6123/5	通令	不详	殷家汇	1
1970	材料	不详	不详	1
6529	双挂号	屯溪	芜湖	1
18	快单	黟县	安庆	1
8	快单	祁门	桐城	1

芜湖邮局在开具以上证明时,还特别附注:"其他遗失平常邮件无从核对,不知确数,并有否其他挂快函件遗失,须待各相关局清单补到,始知其详。"

侵华日军在芜湖践踏国际公法,扣押邮件,悍然阻扰邮政正常营业的事情还远不止这一起。处于沦陷区的繁昌县荻港邮政代办所于1939年(民国廿八年)10月19日继续开办,根据战时平民邮政的有关规定,经芜湖邮局呈文呈报安徽省邮政管理局核准备案。随即由安徽省邮政管理局发来信箱招牌等件,邮政代办人刘嵩山当即将其悬挂门外。驻扎荻港的日军忽然前来阻止刘嵩山悬挂信箱招牌,并蛮横地命令停办邮政代办所。刘嵩山不明所以,当即向其询问,而日军概不作答亦不说明缘由。如此蛮横,实在是天理难容。

档案资料

芜湖一等邮局呈报南陵寄发芜湖邮件中途被日军开拆检查遭受遗失

（资料来源：芜湖市档案馆旧政权档案 0302-0301-0118 卷）

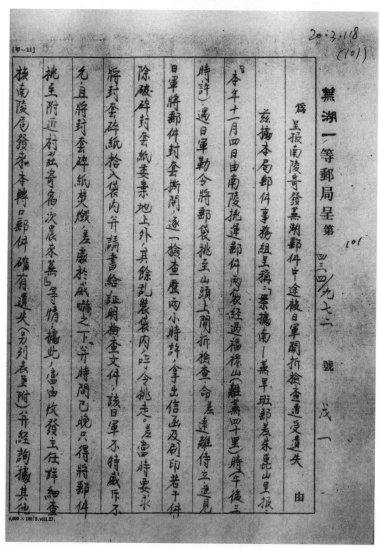

中華郵政　20·3·18 (102)

102　第二頁

南—芜早班两邮差内称：赣日朱差所退邮件被日軍阻折检查確係
實情。并謂石硊鎮維持會人員說：當日被日軍中途检查之邮件
并未查得任何重要關係邮件，以後或不致再發生同樣情事嗎
差等不要害怕云云，等情呈报前来，除飭即繕發驗證通知各相
關局補發邮件清單，以資核對外，理合開列現時核對所知之遺
失邮件表一紙，備文呈报敬祈
鑒核。謹呈
安徽邮政管理局局長
　　附一件

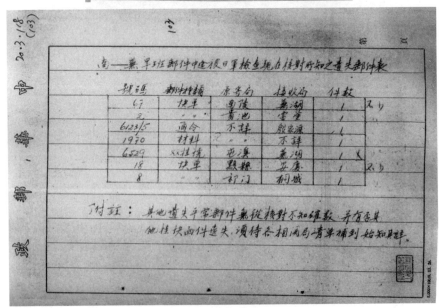

中華郵政　20·3·18 (103)

第　頁

窗—芜早班邮件中途被日軍检查現在核對所知之遺失邮件表

號碼	邮件性質	原寄局	接收局	件數	
67	快車	繁昌	芜湖	1	又り
8	〃	南池	當塗	1	
6123/5	通令	不詳	殷家滙	1	
1970	材料		不詳	1	
6529	××挂號	屯溪	芜湖	1	×
18	快單	黟縣	安慶	1	又り
8	〃	祁门	桐城	1	

附註：其他遺失平常邮件無從核對不知確數，并有在其
他挂號函件遺失，須待各相關局清單補列始知其詳

86

荻港镇日军阻止开设邮政代办所

（资料来源：芜湖市档案馆旧政权档案0302-0301-0118卷）

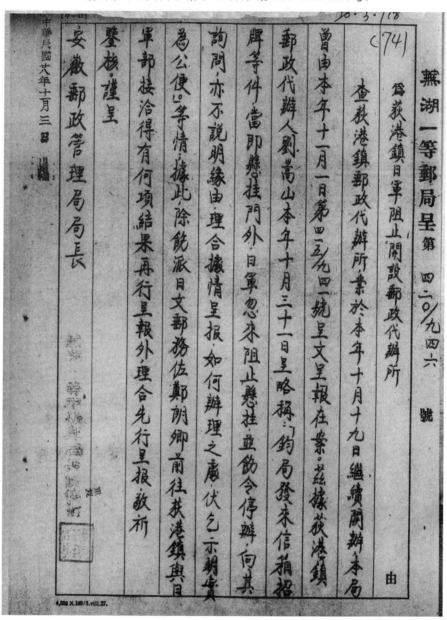

燕湖一等郵局呈　第四二○九四六號　由

為荻港鎮日軍阻止開設郵政代辦所

查荻港鎮郵政代辦所案於本年十月十九日繼續閱辦本局

曾由本年十一月一日第四二○九四一號呈文呈報在案。茲據荻港鎮

郵政代辦人劉嵩山本年十月三十一日呈略稱：「門鈞局發來信稱招

牌等件當即懸掛門外日軍忽來阻止懸掛並飭令停辦。向其

詢問亦不說明緣由。理合據情呈報。如何辦理之處。伏乞示期

為公便」等情。據此，除飭派日文郵務佐鄭朗卿前往荻港鎮與日

軍部接洽得有何項結果再行呈報外理合先行呈報。敬祈

鑒核。謹呈

安徽郵政管理局局長

中華民國廿六年十月三日

芜湖抗战期间的人民财产损失

抗战胜利后,国民政府内政部于1945年9月21日发布了《抗战损失调查办法》《抗战损失查报须知》,芜湖县政府于1945年10月间以《电请抄发抗战损失调查办法及查报须知代电》予以转发。

根据调查办法和查报须知的要求,自"九一八"事变起,凡在中华民国领土内的所有中国之公私机关团体或人民因抗战被敌强占、夺取、征发、破坏、轰炸或杀戮、奸掳等暴行遭受之损失,均在调查查报范围之列。

芜湖街区遭受日军飞机轰炸

据有关部门统计,在芜湖沦陷的八年里,人民财产遭受重大损失:社会财产直接损失166594.15万元,间接财产损失为17405.01万元,居民财产损失为44131.09万元。(根据1937年法币计算)

据《芜湖县各乡、镇财产损失报告单》称:

各镇规模不一,损失各有差异,最少的沧津镇为 9.55 万元,最多的弼赋镇损失 13472.67 万元,其中平安里保七更点甲汪晓斋家,敌寇拆毁住宅三幢计三间两厢全部拆完,价值约 900 万元;许业贵家住宅三间一披厦全部拆完,建造费为 1000 万元。永平里甲王幼卿家因敌兵驻扎,拆毁八幢住房的全部地板,修理费约 1000 万元。

　　芜湖的民族工业在抗战期间所受的损失是惨重的。创办于民国三年(1914 年)的芜湖华球衫袜厂,厂址位于芜湖陡门巷。创办以来,老板黄沛霖殚精竭虑,企业逐步发展,经营规模逐渐扩大。民国二十年(1931 年),雇工规模约 200 余人,每年还培养四五十名艺徒,各种产品行销皖省南北各地,供不应求。民国二十四年(1935 年),因生产经营需要,又建造一座四层钢骨水泥洋楼,增添新式机器,并以"双喜老牌"为商标,扩大销售范围至湘赣等省。正值工厂欣欣向荣之际,1937 年 12 月,敌机轰炸芜湖,华球衫袜厂不幸被炸,全部房产、机器、生材、原料、货物悉数被炸,损失惨重。当时价值约达 10 余万元(据黄沛霖测算,如以 1945 年价值,当在 50 亿元以上)。抗战期间遭受损失的还有恒升机器厂、明华电池厂等,他们都在抗战期间遭到了毁灭性的损失。

　　《工商报》是芜湖知名报人张九皋先生于民国四年(1915 年)创刊。创刊初期为周六刊,后发展成为对开日刊。由于业务范围逐步扩大,原经营场所不敷使用,遂于 1927 年由原大马路搬迁至中二街 116 号,工作人员也有所增加。抗战之前,《工商报》是芜湖本土创办时间最长、辐射影响最大的报纸。

　　在调查中,张九皋先生以"遵行政院通令,扶植抗战损失之报纸,本报抗战损失惨重,敬求救济,以利忠贞"为由申述:"民国廿六年(1937 年)十二月六日,敌陷芜湖。全体员工支持,发出最后一版,于是日清晨仓皇流亡。所有器材以时间仓卒(促),均遗留于原址。胜利归来,器材已荡然无存。"抗战期间,社址先是被日军占用,后又转手开设旋宫饭店。《工商报》的这一申诉,得到安徽省政府主席李品仙的批示,转呈行政院,发赔偿委员会处理。由于《工商报》损失惨重,毁灭殆尽,无法复刊,只好利用《皖江日报》的印刷器材,与其联合出报。与《工商报》一样,芜湖本地出版的《皖江日报》、《大江日报》也在抗战期间受到了极大的损失。

李漱兰堂系李鸿章之子李经方置办的产业。1882年前后,李经方来芜湖大规模投资房地产业,先后购买了老城区之外(现今市中心)的大块土地,并在这些地块大兴土木,建造房屋,主要集中在吉和街、北京路、中山路、新芜路直到江边宝塔根以及河南富民桥一带,数量相当可观,约占全城房产的三分之一,仅中山路就有69幢。

据李漱兰堂诉称:"芜湖沦陷期内,敝堂先后被敌伪强迫占用之房即富岛组等二十余处。"其中富岛组隶属于日人经营的吉田洋行。中山路77号门面楼房三间,被日人强占开设西村时计店、芜湖药房及连胜堂。中山路22号楼房房产被日人京华株式会社占用。胜利来临时,日军将以上所有房屋焚烧尽净,仅剩断垣残壁与空地。中山路68号被日人占用开设大板屋,23号被同兴会社占用。此外中山路日人主持的居留民团、万安路(今新芜路东段)日人所办的东和剧场,都是将原有地基门面铺房完全拆毁,并利用原有砖瓦材料改建翻新而成。与李漱兰堂一样,芜湖宁永裕堂的房产也被日人占用多处。

1937年12月25日,芜湖一等邮局马路支局局长胡遇顺以《为敌机炸芜仓皇退避,局中所存铜元(拾元)未及携出,仰祈鉴核准予报销由》呈文报称:

> 民国廿六年(1937年)十二月六日(应为"五日",笔者注),敌机轰炸芜湖,该局亦受到轰炸。由于前方形势紧张,流言四起,商店多已闭门停止营业,但邮局还在营业。由于市民都是使用铜元前来办理邮政业务、购买邮票,所以铜元越积越多。虽经窗口尽量找兑,无奈逐日收入仍然很多。截至五日止,犹存铜元三千枚之多(合计国币拾元)。十二月六日,我们奉命撤离,但由于铜元存量过多过重,无法携带。一开始,我们以为当日即可回转,不会有什么麻烦。谁知敌机轰炸,继以溃兵焚烧掳掠,芜湖随之沦陷,以致所

存三千枚铜元无法取出,造成遗失,特此上报,以便核销。

芜湖僧人释心坚,曾任九华山东岩禅院主持、安庆迎江寺方丈,后来到芜湖弘扬佛法。抗战损失调查期间,他向芜湖县政府递交申诉,称他"于民国十六年(1927年)在本市电灯公司后面置地,建造佛教功德林,提倡佛学,助扬道德,以正人心风纪,并与当地耆宿居士开设佛学研究所十余年。民国廿六年(1937年),敌寇犯境,蹂躏侵扰,摧坏正法,于民国卅年(1941年)强行占据,驱逐僧人出屋,迫限旬日内将佛像、藏经等全部迁出。"在日军的淫威下,心坚禅师只好抱着佛像,携带经卷仓皇离开功德林。日军占据功德林后,造成庙宇、庙产严重损毁,抗战胜利后,心坚禅师只好另择新址重建庙宇。

总之,抗战期间芜湖人民的财产损失是巨大的、全方位的,都是有据可查的。

档案资料

芜湖工商报社呈送抗战被侵损失器材表

(资料来源:芜湖市档案馆旧政权档案0302-0101-0019卷)

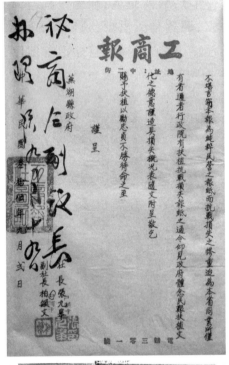

芜湖县弼赋镇平安里保抗战损失调查表

（资料来源：芜湖市档案馆旧政权档案0302-0101-0019卷）

芜湖华球衫袜厂战时损失实际详细明表

（资料来源：芜湖市档案馆旧政权档案 0302-0101-0019 卷）

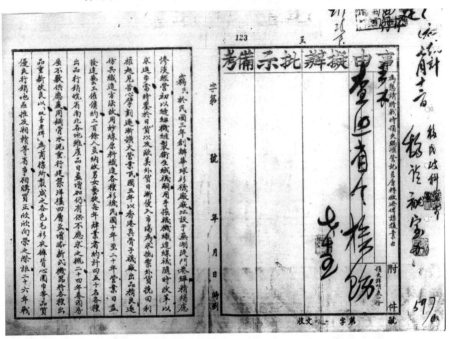

中華民國二十六年損害實際詳細明表

華球衫機廠

獨資　資本　拾萬元

男女合計 248人　工作時間　八小時

營行所　蕪湖陵門老廿三號　電話 128號

廠章

蕪湖華球衫機廠

經理

損失實際總價

战斗篇

芜湖人民为保卫自己的国土和家园，共同汇聚在抗日民族统一战线的旗帜下，与侵略者展开了英勇不屈的战斗，无数芜湖儿女血洒疆场，为全国抗战取得最后胜利作出了巨大贡献，书写出芜湖全民抗战的光辉篇章。

皖中根据地的创立与发展

1940年11月至12月间，为了应对形势日益严重的变化，皖南新四军和地方党组织根据中央的指示开始北撤前的准备，军部和第三支队多次派出小部队到长江沿岸了解情况，筹集船只，并到无为沿江地区侦察，布置接应。同时，第三支队参谋长林维先奉命率五团三营先行渡江，与桐东游击大队和章啸衡收编的国民党川军杨森部队一部，合编为第三支队挺进团，配合地方党组织和游击队恢复无为根据地，开辟和控制桐城、庐江、无为交界地区，创建以三官山为中心的皖中根据地。

1941年1月，皖南事变后，中共中央军委发布"重新组建新四军军部的命令"，决定将散布在华中的八路军、新四军部队统一改编为新四军的七个师。2月1日，毛泽东在为中央军委、中央书记处起草的给刘少奇、陈毅并彭德怀的电报中指出："去年10月，你们复电谓巢湖、瓦隔湖间不过百里，通过甚难，但现时我在无为、桐城已有根据地，虽只一二县，其战略意义却胜过敌后大块根据地，应极端重视之。"4月15日，中共中央中原局在给孙仲

毛泽东同志关于无为根据地的题词

99

德、曾希圣、何伟等江南各级干部的信中也指出:"皖南及无为、庐江、桐城一带,在战略上有着极重要意义,我党我军在这些地区有三年以上的工作经历,目前无为及铜繁在敌人的扫荡之后,情况已好转,故我党我军必须坚持皖南、无为及桐庐阵地,决不可轻易放弃。"

1941年5月1日,新四军第七师在无为的东乡白茆洲胡家瓦屋正式成立。编入第七师的部队有:无为游击纵队的6个连,林维先领导的第三支队挺进团的6个连,皖南事变突围过江进入无为的新四军将士。七师成立后,对皖中、皖南地区的形势进行周密的分析。根据部队刚刚经历皖南事变的严重挫折和人数较少、战斗力较弱的情况,进行休整组编,确定实行"隐蔽发展,分兵活动"的方针,55团进入无为西乡及青阳、繁昌等地区活动;56团进入巢无中心区、巢南、无为北乡等地区活动;独立一营在白湖、巢湖之间活动;挺进团进入桐城西乡、潜山、太湖、岳西、宿松、望江一带活动。另外还有桂俊亭、程明远领导的游击队在巢湖沿岸活动;江文、刘云领导的含和独立连在含山、和县一带活动;章啸衡领导的长江游击大队在铜陵、繁昌地区活动。

1943年3月,根据中共中央关于实行党的一元化领导的决定,新四军第七师部队实行地方化,将主力部队和地方武装改编扩建为沿江、皖南、含和、巢湖四个支队(支队相当于旅的建制)。

1943年11月19日,有情报称:"新四军第七师师部驻无为汤家沟,所辖25、26两团(疑为55、56两团)现改为繁昌游击队,赵子清任指挥,该部1500人,小炮、迫击炮各一门,轻重机枪11挺,长短枪900支,常出没于繁昌宝塔圩、老山咀等处"。国民党芜湖县政府收到的这一情报稿从侧面反映出当时新四军及繁昌游击队的壮大和实力。

自新四军第七师成立以来,到抗日战胜利前夕,在这块土地上共进行大小战斗2771次,攻克敌据点200余处,日伪顽军伤亡人数达20731人,被俘26443人。新四军第七师和皖中根据地在战斗中不断发展和壮大。

在芜湖市档案馆旧政权档案中记载:

据情报称,新四军皖南部队番号近改编为新四军新编第七师皖南游击支队,下辖三个大队,第一大队(队长邵林)活动于绩、旌、泾边区,亦称绩、旌、泾边区大队;第二大队(队长刘奎),活动于歙、旌、太边区,亦称黄山大队;第三大队(队长待查。经查证,应为巫希权)活动于南、繁、铜边区,亦称沿(临)江大队,统归政委胡明指挥。并近奉上级命令,(一)在目前经济困难下,应本着刻苦耐劳精神,自给自足,自力更生……(三)皖南以黄山为游击根据地,云岭(泾县西南)为政治中心;(四)积极破坏交通通讯,响应江北部队行动。

到抗战胜利前夕,皖中根据地扩展为皖江抗日根据地,控制面积从最初的无为、庐江、铜陵几个县、人口不足百万的狭小游击区开始,发展到地跨安徽长江南北两侧,东起江苏浦江县、安徽当涂县,西至江西彭泽县、安徽宿松县,北临滁河、合肥,南抵宣城、黄山,东西长约500公里,南北长约300公里,面积达3万多平方公里,人口300多万人的地区,活动范围达30个县。此时的皖江区党委下辖3个地委、23个县委和工委。皖江行政公署下辖3个专员公署,14个县级抗日民主政府,全区和地域性参议会5个,成为全国19块抗日根据地之一。

—— 档案资料 ——

新四军七师抗日战争形势图

（资料来源：无为县新四军七师纪念馆）

淮南、皖中两解放区略图

（资料来源：《新华日报》1945年2月1日）

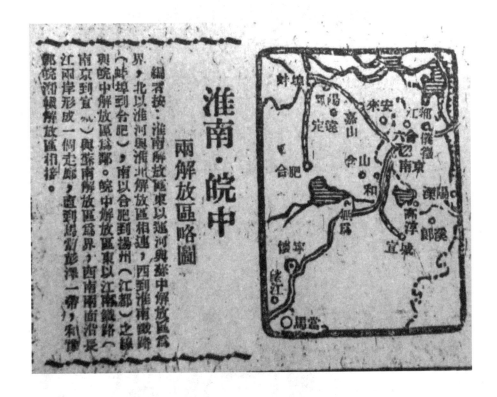

新四军在芜湖之纪事

1938年初，新四军开赴皖南以后，活跃在皖江两岸，有力地打击了日伪军和顽军，保护了人民，为抗日战争的全面胜利做出不可磨灭的贡献，在皖南、在芜湖留下了许多可歌可泣的事迹。

一、新四军与川军

在芜湖市档案馆馆藏的旧政权档案中，有一份名为《鬼话听不得》的谈话记录，是在两名川军官兵张德贵、李有才之间进行的：

新四军第七师成立大会上的七师指战员

张德贵："共产党是'奸党'吗？"

李有才："不，共产党是人们（民）的党，他主张团结抗战，坚决打鬼子，是老百姓的救星。"

张德贵："新四军是匪军，对不对？"

李有才："新四军还不是和我们一样，来自老百姓，他们那里有许多人是我们的老川。他们纪律很好，坚决打鬼子，是抗日的友军。他们爱护老百姓，人人都说好啊，说'新四军是匪军'，还不是日寇汉奸和那些别有用心的人。"

张德贵："新四军抓到人就活埋暗杀，可是真的？"

李有才："这更是鬼话，新四军最团结亲爱，叫我们友军，把我们当一家人看待，去我们那里，军长、师长都去送他们。他们在铜陵,配合我们打鬼子,送还我们失掉的武器,怎能血口喷人,诬害人家暗杀人呢?"

张德贵:"新四军既然这样好,为什么那天对我们训话,官长和(会)那样讲呢?"

李有才:"那个家伙不知从哪派来的,专捣鬼,干破坏。我们老川的事,他讲那样话,还不是想欺骗我们反共内战。不打鬼子,专打自家人。那个家伙专讲鬼话,千万听不得!"

这篇谈话记录没有标注时间,但据其内容,可推测为1940年间所记。其中涉及有两个内容,前面一大部分讲的是新四军与川军的关系,强调两支互为友军的部队同仇敌忾,一致抗日,字里行间对新四军的种种言行举止,溢满崇敬之情。据《南陵县志》记载:1938年5月30日,川军第50军军长郭勋祺在南陵城内宴请新四军首长陈毅,双方均为四川老乡,无论是抗日大局,还是乡里乡亲,都是其乐融融。后半部说的是一个历史事实:

抗日战争开始后,在皖江(皖中、皖南)地区就有多个中共地方党组织及其领导的多支抗日武装部队在活动。1938年2月,新四军移师皖南,更加有力地推动了皖江抗日斗争的发展,新四军第四支队第七、九两个团进入庐江、无为、舒城、桐城和巢湖等皖中地区开展抗日斗争。1938年4月,新四军军长叶挺亲赴庐江县东汤池,组建江北指挥部。5月中旬,江北指挥部正式成立,张云逸兼任指挥,徐海东任副指挥(时未到职),赖传珠任参谋长,邓子恢兼任政治部主任,并成立了新四军江北游击纵队。从此,皖中地区的新四军部队有了统一的指挥部。

就在张云逸参谋长任江北指挥期间,冒出了一个无耻之徒汉奸肖家驹,他经人介绍来到新四军军部。但新四军有关人员观察其言行很不靠谱,于是便不予理会,更没有安排其任何工作,并且于1939年7月就将其逐出新四军。后来肖家驹竟使用无耻伎俩,假冒新四军参谋长,并注称"通讯处为新四军",到处招摇撞骗,挑拨新四军与友军间之团结。后肖家驹向南京汪精卫政府自首,露

出了狐狸尾巴。同时张云逸在江北也出面辟谣,自己在江北指挥
作战期间,从未委任他人。1940年11月4日的《新华日报》曾以"汪
逆汉奸招摇撞骗,新乂军揭穿阴谋"为题专门报道,言"此乃尽人皆
知之事"。

皖江抗日根据地建立后,四面受敌,日、伪、顽无时无刻都在对根
据地进行破坏活动,他们利用一切手段,对根据地进行渗透,散布谣
言,制造混乱。新四军各部队与地方抗日武装对侵扰根据地,制造摩
擦的顽军,一方面予以坚决反击,另一方面也抓紧对顽军官兵进行说
理斗争,开展政策宣传,强调中国人不打中国人,激起他们的爱国之
心,枪口一致对外。1944年3月,国民党川军一四四师驻地与新四军
皖南支队距离较近,中共皖南地委和新四军皖南支队发出《告川军同
胞书》,告诫他们要枪口对外,一致抗日。新四军第七师也向川军发
放传单,传单主题是"打走鬼子才能回家",正文是:"川军官兵弟兄
们:中国六年的英勇抗战,快把鬼子打败了,川军、新四军应更加团结
杀敌,争取最后胜利!只有打走鬼子才能回川,不要自家人打自家
人,让鬼子笑落牙齿,弄得死无返乡之日。"新四军的宣传工作起到了
很好的效果。

二、新四军营救美军飞行员

1944年12月中旬,中美空军联合行动,对日本本土及其占领区展
开大规模轰炸。中央广播电台旋即向全国广播,劝告人民立即离开
城市,远离军事基地、交通设施(包括仓库、港口、码头、车站、桥梁),
以免造成伤害。芜湖及其周边港口也是轰炸目标之一。1945年6月
间,两架美军飞机轰炸荻港码头,其中一架中弹迫降无为汤家沟。安
徽省第六区行政专员公署(以下简称"六区公署")随即电令芜湖县政
府,设法查找飞行员下落并予以营救。芜湖县政府于6月21日电令
芜湖县政府敌后办事处、芜湖市办事处,要求他们迅速查访,设法营
救。7月1日,六区公署接驻屯溪美军专员办事处、浙苏皖边区挺进军
总司令部再次急电,要求芜湖县政府迅将查访、营救情况于7月15日

前上报。接此专电后,芜湖县政府则再次要求敌后办事处、芜湖市办事处迅速查访,以便查明呈报。最后,终于在 7 月 18 日,由芜湖县政府敌后办事处主任周哲明报告称:"盟机中弹迫降美籍机师于六月中旬被匪军(对新四军的污称)营救,并于六月中旬递交某部转送立煌县(今金寨县,国民党安徽省政府所在地)二十一集团军总部。"

三、新四军十八万吨煤在芜湖?

1945 年 10 月,六区公署、芜湖县政府相继接到交通部函件,声称新四军有十八万吨煤储存在芜湖,这对于积极准备与中共开展内战的国民党政府,实在是一个很大的威胁。于是交通部电传芜湖,要求限期查找。芜湖县政府也是层层照转,由县到区到镇到保,历时半月有余,先后有方村区、城区(含吉和镇、中山镇、尚来镇、驿前镇)以及和平镇(含清河坊保、华兴街保、范罗山保、曾家塘保)等逐级上报,均称并未发现新四军有十八万吨煤储存于本辖区境内,具报"境内确无新四军储煤处所。"

十八万吨煤的风传,应该属于是"事出有因,查无实据"的范畴,但绝非空穴来风,因为这种可能性确实是存在的。

档案资料

新四军第七师写给川军官兵的宣传单

（资料来源：芜湖市档案馆旧政权档案0302-0101-0290卷）

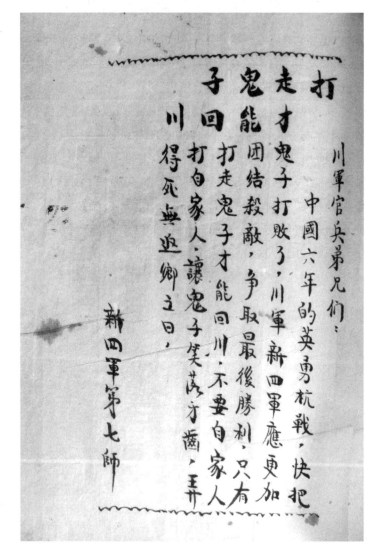

电催速将营救盟机轰炸荻港一架中弹迫降结果情形具报

（资料来源：芜湖市档案馆旧政权档案 0302-0101-0340 卷）

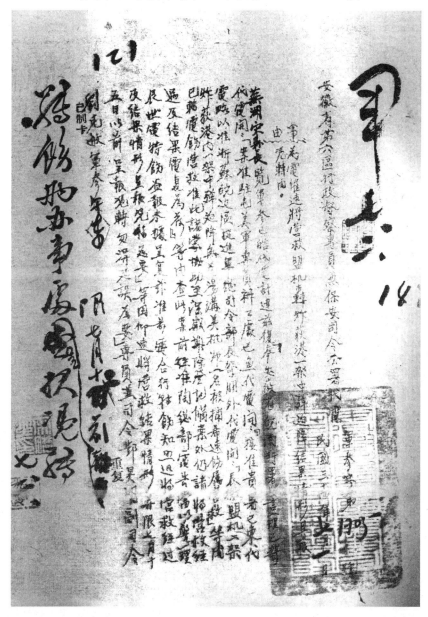

芜湖县政府呈报查访盟机迫降营救机师结果情形

（资料来源：芜湖市档案馆旧政权档案0302-0101-0340卷）

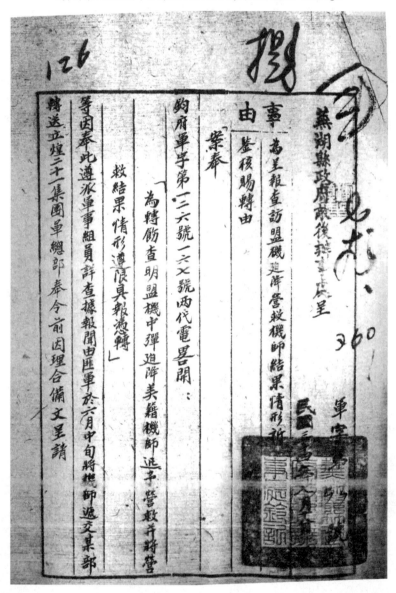

战斗篇

芜湖县方村区区署查明辖境内毫无新四军储煤复文

（资料来源：芜湖市档案馆旧政权档案0302-0201-0291卷）

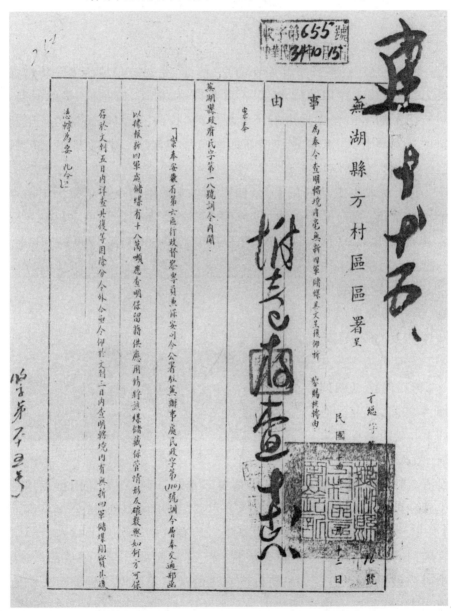

奇袭——粟裕与官陡门之战

　　1939年初,侵华日军开始在南京、镇江、芜湖三角地带进一步增强兵力,采用攻守并用的战术,深入重要集镇,构筑"梅花桩"式的据点,对新四军的茅山根据地进行了大规模的"扫荡"。而国民党为了限制新四军发展壮大,又规定江南新四军只能在江宁、句容、丹阳、镇江、当涂、芜湖一带活动。

　　为了争取更主动的局面,新四军第二支队副司令员粟裕决定亲率第二支队第三团,远程奔袭,拔掉位于安徽芜湖近郊日军飞机场外围扁担河两岸的官陡门据点。

　　对这一作战计划,部分指挥员的反应是"太过于冒险了"!理由有三:其一,官陡门据点四周河沟交叉,河上只有约1米宽的木板桥贯通,敌人在据点周围

奇袭官陡门战斗凯旋时合影

设有3层铁丝网和掩蔽工事,可谓易守难攻。其二,官陡门据点地理位置独特,距铁道最近处只有2.5公里,距飞机场不到2.5公里。南面4公里的永安桥、北面5公里的年陡门均有日伪军驻守的据点。一旦官陡门有风吹草动,敌人必会从西、南、北三面据点派出增援部队,半小时内就可以赶到。从芜湖机场起飞的敌机不到两分钟即可飞临官陡门上空,实施空中支援。其三,进攻官陡门据点的路线只有两条,不仅要通过几条深不可徒涉的河流,而且必经敌人重兵把守的青山、

黄池据点。

粟裕耐心地向大家解释:"现在我们是在交通发达的平原、水网地区同敌人作战,这就要求我们要像鹰抓兔子式的,采取突然的、短促的像闪电一样的袭击,打敌人个措手不及。敌人认为最安全的地方,往往就是最麻痹大意的地方,看似固若金汤的据点,实则疏于防守、不堪一击。只要我们计划周密,行动果断,就一定会成功的!"

善于出奇谋、用奇兵、建奇功的粟裕,这次要在敌人的心脏地带导演一幕出奇制胜的活剧。

1939年1月18日清晨,粟裕作了简短的动员后,就率领部队轻装出发了。为了不暴露行踪,部队沿丹阳湖东岸,在冒雨北进25公里后停止行动,隐蔽宿营。

19日下午,粟裕组织部队悄悄上船,突然转向西开,在敌人的眼皮底下偷偷渡过丹阳湖。部队翻过湖西岸的堤埝后,立即换乘早已预备好的几只装肥料的船,继续隐蔽西进,于午夜时分到达预定地点集结,整装待命。此地距官陡门还有近40公里的路程。

20日下午5时,粟裕带领部队冒着凛冽的寒风继续向西疾进。晚8时,按战前部署,掩护部队从南、北两面向青山和黄池的敌人据点隐蔽前进,以保护攻击部队的侧翼安全;攻击部队继续向官陡门搜索前进。

21日凌晨2时,攻击部队行进至离官陡门约10公里的地方时,一个棘手的问题摆在了粟裕面前:前方有一条河由于水深需要乘船摆渡。如果走水路,部队很可能会因敌人封锁渡船而找不到船过河;如果走陆路,就会多绕5公里路,这对已经连续行军近9个小时、人困马乏的部队来说不仅是个严峻的考验,而且一旦不能在天亮前赶到官陡门发起攻击,计划就会前功尽弃,甚至还会陷入增援之敌的重兵包围中。

粟裕当机立断:还是走陆路! 为了节省时间,官兵们饿着肚子在黑夜中急行军,在巧妙地通过敌人的头道桥据点后,于4时许神不知鬼不觉地抵达距官陡门约2公里的王石桥。按照预定作战方案,粟裕率攻击部队主力冲过桥，从西向东打；另一部沿河东岸北进，实施夹击。

在冬日黎明前最黑暗、最阴冷的时刻，据点里的敌人正躺在暖暖的被窝里睡大觉。粟裕果断命令部队出击。顿时，枪声、手榴弹爆炸声、冲锋号声和"缴枪不杀"的呐喊声响成一片。接着，东岸部队的机枪也打响了。攻击部队迅速突破铁丝网和其他障碍物，冲进据点。从睡梦中惊醒的敌人还没有弄清到底发生了什么事，就被打得人仰马翻，甚至有的敌人还没穿好衣服，就稀里糊涂地当了俘虏。趁着敌人惊慌失措之际，粟裕指挥部队一鼓作气，冲到河边，夺取了小木桥，占领了伪军司令部。

整个战斗只用了短短的8分钟，连同清扫战场总共用时20分钟。当周围的敌人明白过来，纷纷向官陡门据点增援时，粟裕早已率领部队押着俘虏，带着战利品安全撤走了。奇袭官陡门，新四军大获全胜，仅伪军司令一人因在芜湖未归而侥幸漏网。第三团只有一名卫生员和司号员负伤，其他人员毫发无损。共歼灭伪军200余人，俘敌57人，缴获步枪六七十支，短枪十多支，机关枪四挺，其余手榴弹、子弹、军用品，更不计其数。

在官陡门之战中，粟裕谋划之精、出兵之奇、行动之快、用时之短，都堪称奇袭战的经典范例。这一战，狠狠打击了日伪军的嚣张气焰，极大地鼓舞了江南敌占区人民的抗日信心和斗志。项英副军长在1940年元旦大会上分析敌情时说道："以芜湖为中心有一个师团，南京为中心有一个师团，镇江为中心有一个旅团。另外还增加了从华北、'满洲'来的五千多伪军，敌人的布置更严密了。凡是交通要道，每一座桥梁、车站，甚至公路的拐角处，都构筑据点、驻扎队伍，集中相当的兵力在把守。官陡门据点是日军的重要战略据点之一，处于南京、镇江、芜湖日军重点交通线上，这是新四军进行的首次长途奔袭战，而且是在敌人重兵把守的江南战区，所以战略影响很大。"新四军二支队司令员张鼎丞评价这一次战斗，"是最标本（准）的一次远袭击"。张司令员说："根据敌人的地形和兵力，看来我们好像是没有办法的,因为敌人不仅有四面坚强的堡垒封锁着的据点,而且四面还有湖有河川;敌人不仅有强大的伪军,而且附近还驻守有大量的日军;但我们终于取得了胜利,半小时内消灭了伪军二百余,俘虏近六十名,而我们则只有两个轻伤的。"在总结这次战斗取得胜利的原因时,张司令员认为:"(一)靠敌情的侦察详细与真确;(二)靠我们的坚定性及刻苦耐劳的精神;(三)靠动作敏捷;(四)靠牺牲的精神"。奇袭官陡门战斗之后,敌人吓破了胆,敌人运动或者运输,都要以重兵来保护,少数人轻易不敢下乡了。

1939年10月7日《新华日报》全文刊登了由粟裕亲自撰写的介绍此次战斗经验的文章——《芜湖近郊的奇袭》,粟裕指挥游击战出神入化的美名被广为传颂。

档案资料

粟裕的战斗报告《芜湖近郊的奇袭》

（资料来源：《新华日报》1939年10月7日）

繁昌保卫战

繁昌保卫战,分别发生在1939年1月、2月、5月、11月和12月,以日军5次攻占繁昌县城,新四军5次收复为标志,故称为繁昌五次保卫战。五次保卫战新四军以伤亡210人的代价,击毙日军1000余人,并俘获了大批战利品。

第一次保卫战为1939年1月10日至13日,历时4天;第二次为1939年2月5日至7日,历时3天;第三次为1939年5月20日至23日,历时4天;第四次为1939年11月7日开始,历时半月;第五次为1939年12月21日至22日。其中尤以第四次战斗为时最长,日军增兵达2000多人。"峨山头搏斗"、"塘口坝血战"最为著名、最为惨烈,打出了新四军军威和士气。

1940年1月4日《新华日报》在一篇战地通讯中,作了详细的记载,并描述了许多感人的细节:"新×军将士们这回的英勇和壮烈,实在是可以动(惊)天地,泣鬼神。当敌人第一次进攻繁昌的时候,我们那位一排长叫张喜予,率领一个班埋伏在××地区。敌人来了,排长率领战士们向上冲。敌人机枪的子弹像雨点似的飞散下来。他们冲上半山,正当敌人惊奇发愣的当儿,张排长一跃而起,带领全班冲上去。可惜,一颗子弹竟打中了壮士的头,就这样(张排长)将生命贡献给了民族和国家。这时,班长也带了花躺在地上。于是,副班长周文宜就负起指挥任务,他高声地喊:'同志们,跟我来!'大家热血沸腾,快步冲上山头。敌人居高临下,刺刀刺进了副班长的胸膛,然而,副班长还是回了一刺刀,刺入了敌军的左臂。副班长倒了,接着战士也结果了那个敌人,其余敌人见不是势头,纷纷往山下滚。"在塘口坝战斗中,一连战士向一个山头连续冲锋七次,首先是连指导员詹国生牺牲,连长林昌扬在第二次冲锋中也牺牲了。年青的干事赵沛风(赵培枫），年仅19岁，他自动代替，呼喊着口号向上冲，就在第四次冲锋时光荣牺牲。总计这一连人，牺牲了8名班长。牺牲和负伤的同志，百分之七十五是共产党员。

繁昌保卫战之所以取得五战五捷的胜利，其主要原因之一是新四军审时度势，决策谋划正确。繁昌周边山地多，平原少，便于新四军灵活布防，游击伸缩空间大。繁昌城东系河圩地带，敌我均难以展开运动；北面地形开阔，西南有红花山、三梁山、白马山等为屏障，地形隐蔽复杂，更便于钳制和打击敌人。而塘口坝、孙村等地是荻港、铁矿山通往繁昌、南陵两县交通要隘，又是山地，便于我军隐蔽、穿插运动。塘口坝南侧有水路，有利于敌人运输、增援，亦可以有利于我军打伏击。峨山头为作战的全盘中心，若我军扼守，则不但可以控制城厢，且可以吸引日军兵力，造成我军出击的有利条件。

在战术上，鉴于日军兵力较大，为避免与敌正面决战，变不利为有利，谭震林分析说："日军抓住国民党部队的薄弱环节，企图从第三支队和一四四师的结合部，由孙村、塘口坝等地切断友军与新四军的联系，由南向北，在整个皖南抗战链条上打开一道缺口，从而孤立繁昌，直逼云岭，继而，为其打通浙赣线创造条件，所以新四军保住了繁昌，也就保住了皖南。"

新四军第三支队在繁昌城西北山地进行运动防御，并以一部分兵力用游击战术疲劳敌军，同时，不断袭击日军后方，集中主力打击退却之敌，打好山地伏击，歼灭前进之敌，围着繁昌周边四处转战，灵活机动，马不停蹄地消灭日军主力，始终控制着繁昌五次保卫战的主动权。正如张云逸在《纪念新四军成立两周年》总结中所述："新四军战斗力得到提高，不仅要懂得游击战，而且将游击战、运动战和阵地战三种战术相互灵活，适当配合运用。在战争中学会战争，懂得日军步兵、骑兵、炮兵和机械化特种兵的特性，我军与之周旋，击其弱点，使得作战空间扩大，时间持久。为了取得胜利，不只是单纯依靠军事力量，还要善于运用政治和经济攻势，协同友军一起打，才能取得较大的胜利。"

繁昌保卫战中,新四军与地方政府密切配合,广泛动员了根据地人民支前保卫自己的家园,繁昌人民从猎户队到妇女抗敌协会,各个群众团体都踊跃参战支前。在峨山头、塘口坝等地,他们冒着生命危险,顶着炮火硝烟为部队带路、破坏敌人电线、慰问伤员、打扫战场、运送弹药、架小桥、送茶饭,可以说是无所不干,无所不为。老百姓热爱新四军,痛恨日军,是战争取得最后胜利的保证。正如当时的《新华日报》记者在关于繁昌保卫战的报道中所述:"只要中国能坚决团结,向进步的民主道路迈进,那么,实行反攻和抗战的最后胜利,决不是很远的事了。"

繁昌县保卫战是抗日战争中铜南繁地区最大的一次血战,也是皖南抗战史上规模最大的一次运动战。新四军第三支队以少胜多,以弱胜强,不仅给日军迎头痛击,破坏和威胁了他们的长江交通线,同时,也反击了反共顽固投降派对新四军"游而不击"、"保存实力"等一切污蔑之辞,坚定了根据地军民抗战的决心和信心。

档案资料

皖南空前的胜利——繁昌战役

（资料来源：《新华日报》1940年1月4日）

何家湾战斗

    1938年10月开始，抗日战争进入到相持阶段，侵华日军逐渐将其主要兵力用于打击在敌后战场积极抗日的八路军、新四军。由于日本帝国主义侵华方针的变化，国民党统治集团也随之发生了变化，以汪精卫为代表的亲日派死心塌地投靠日本，甘当汉奸卖国贼。以蒋介石为代表的亲英美派，开始表现出很大的动摇性。中国共产党却一如既往地提出国共合作，坚持抗战，巩固、扩大抗日民族统一战线的方针。日本帝国主义对中共"联蒋抗日"的政治主张恨得要死，为解除新四军对南京、芜湖，尤其是长江一线的军事威胁，一方面强化皖南沦陷区的法西斯统治，另一方面不断地向皖南增兵，企图占领整个皖南地区，巩固日军京沪后方。同时，为加速掠夺皖南产粮区的粮食，以解决粮食不足的困境，对皖南山区发动了第一次大"扫荡"。

    1940年3月底，侵华日军为声援汪精卫伪国民政府在南京成立，打压中华民族的反抗心理。从4月21日开始，抽调京、沪线兵力3万余人，集结在芜湖、贵池、荻港一线，集中"扫荡"皖南新四军，发动所谓"南繁战役"。新四军在叶挺军长亲自部署下，确定以游击战方式分散作战，以吸引、钳制、袭扰、疲惫敌军，破坏和截击日军的军事运输线，与敌周旋在新四军控制地区。这就是皖南第一次反"扫荡"，其中何家湾战斗，牵制了侵华日军进攻皖南总兵力的三分之一，起到了保卫云岭、保卫皖南的作用。

    1940年4月24日，侵华日军进占南陵县城后，兵分两路向新四军云岭军部进犯。其中，一路2000余人由湾沚经黄墓渡、青弋江、南陵县城、峨岭侵犯三里店。另一路3000余人入侵戴家汇、童村街，企图侵占何家湾，控制南繁至青阳的交通，包围何家湾以北、繁昌以南、三条冲一带的新四军各部，企图以优势兵力，消灭新四军军部的外围兵力。新四军及时识破了日军的恶毒居心,连夜将老三团主力转移至何家湾一带,张网待机。

老三团团长黄火星根据军部的部署命令,将直属部队布防在何家湾以北、涧滩杨以南高地,伏击绿岭方向进犯之敌;一营一连在苏家冲以西丘陵地带策应主力,阻击日军;二、三连埋伏在何家湾西北山地,增援团直属部队;二营扼守苏家冲西北高地,阻击童村街方向的进犯之敌;三营运动到铜陵凤凰山一线,以袭击、迟滞,警戒铜陵、顺安方向的日军。

4月26日早晨,日军两架轻型侦察机,低空飞行高度不到200米,在何家湾地区盘旋侦察,战士们隐蔽在山峦密林间,不予还击。待敌机飞走,预料日军即将开始进攻,战士们迅速展开,进入何家湾西北平顶山阵地。上午9时,团直属部队首先与绿岭前进之敌交火。战斗两个小时,九椰、方村方向之敌赶来增援,日军三路纵队密集冲锋,被团直属部队重机枪打得止步不前,日军先头部队毙命三四十人,战斗呈现胶着状态。

上午10时许,二营在戴家汇、晏云殿与日军主力部队2000余人接火。日军先是机枪、后是大炮猛烈轰击二营阵地,接着骑兵数次冲锋,都被二营战士火力击退,山头原野一片硝烟。日军再次用大炮猛轰,企图消灭二营机枪火力点,二营战士利用地形、地物巧妙灵活地变动射击位置,日军炮火失去杀伤力,频频放空炮。战斗进行到下午四五时,日军出动飞机在二营阵地上轰炸、扫射,紧接着步、骑、炮兵在空军配合下再次发起进攻,战士们顽强地坚守着阵地岿然不动。

日军急忙调整部署,将进攻重点转移到右翼一营一连的阵地。日军组织了4次冲锋,一营一连指战员们稍有伤亡,仍然沉着迎战。战斗中,日军中佐"七太郎"被一连战士一枪毙命,从马上摔了下来。敌军心开始混乱,迫击炮、机枪盲目扫射。为了增援团直属部队,三团一营主力从25日夜就开始行动,于26日上午9时赶至苏家冲,从另一个方向袭击敌人。此时,日军步、骑、炮兵1000余人,在空军配合下,分三路再次向苏家冲附近新四军阵地进攻。激战至下午4时,敌军未能进入苏家冲阵地。下午7时许,三团一营主力和团直属部队奉命转移阵地,留下二营牵制左翼日军。夜幕降临,日军处于四面挨揍,更害怕夜间被袭,急忙收缩队伍,于午夜12时,经过丫山镇向大通方向逃窜。

何家湾战斗历时14个小时,日军死伤300余人,其中军官9人;新四军老三团伤亡100余人,缴获日军迫击炮弹、烟幕弹各3发,炸弹4枚,六五式枪弹175发,还有许多军用物资。

何家湾一战,新四军老三团击溃了日军数千之众,坚守了何家湾,把南陵、青阳之敌截成两段,使其首尾不能相顾,收到了分散、动摇和疲惫敌人的效果,给当时对日军抱有不可战胜的亡国论者以有力的回击,同时,也坚定了全民抗战的决心和信心。

南繁战役历时10天,大小战役10多次。战场分布在南陵、繁昌、铜陵三县的部分地区。新四军以劣势兵力取得了毙伤日军近千人的重大胜利,为皖南抗战书写了光辉的一页。

档案资料

皖南再克南陵

（资料来源：《新华日报》1940年5月4日）

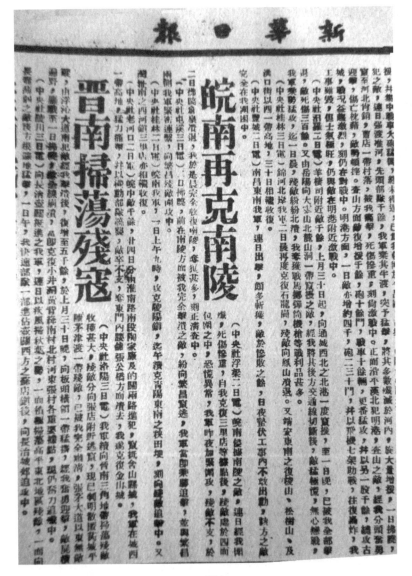

父子岭伏击战

父子岭伏击战是"南繁战役"中发生在南陵县境内父子岭的一次重要战斗。

父子岭战斗中缴获的部分战利品

一、父子岭伏击战形势

日军第一路由湾沚、宣城到青弋江,企图占领南陵、泾县;第二路由荻港、铜陵占领繁昌;第三路由贵池、青阳、石埭攻占太平,乘机占领徽州、屯溪。第一路日军于1940年4月22日占领南陵,驻守该地的国民党军一零八师、五十二师没有抵抗便逃之夭夭,南陵、繁昌接连失守。由贵池进攻的日军也于4月22日、23日先后占领青阳、石埭,逼近太平,驻守该地区的国民党新七师稍作抵抗即退,另一四四师、一零五师全部撤退,徽州、屯溪处于危机之中。

面对日军虎视眈眈的进犯,新四军誓与根据地共存亡,严阵以待。新四军军部命令:驻守军部附近老一团及直属连立即向三里店、峨岭一带集结;命令驻铜、繁部队,坚决阻击由荻港、铜陵进攻之敌。同时,立即动员民众,武装民众,配合部队作战,抓紧物资坚壁清野(收藏,收割一应粮食物品)工作。当新四军增援南陵的部队进入左坑前面时,驻守在南陵三里店、峨岭一带国民党军队已经退却,于是,新四军进入左坑前面的山地以及土塘、父子岭一带,摆开了与敌拼杀的阵势。

二、父子岭战况

1940年4月26日上午8时,敌十五师团池田联队的步骑兵两千余人,在飞机掩护下,如潮水般地涌向三星街,意图一举突破父子岭阵地,再拿下座山,攻占新四军军部所在地云岭。坚守在这里的新四军老一团在团长傅秋涛、副团长江渭清率领下利用三里街一带山丘岭头,葱茏树木、易守难攻的地形,秘密在三里店、父子岭一线做好伏击部署。其中一营埋伏在金山;三营埋伏

新四军在父子岭与日伪军激战

在三星街;二营和特务连(团直属连)埋伏在父子岭一带阻击敌人。

队伍通过了几个熟睡的村庄,进入了两山之间,东方刚刚发白。团指挥部设在山脚下一处农家屋前的打谷场上,指挥员们在膝盖上展开一幅地图,用铅笔打上记号,相互交换意见。判断着日军的路径和走向。团直属连已进入各处山坡阵地。二营四连已于黎明前奉命进至公路以北,以便当敌人通过时,与父子岭主力配合夹击。父子岭右侧山头则由六连从侧面警戒,并待机增援。

上午8时左右,日军步骑兵、炮兵组成的联合纵队,在4架飞机掩护下向西进发。其中有300名骑兵,千余人以上步兵,8门大炮。新四军在此只有一个营的兵力,面对强敌,指挥部决定击其尾部,使其首尾不能相顾。

战斗打响之后,日军企图以优势兵力实施包围。二营四连战士沉着应战,一、二排首先冲出包围圈。之后,日军步骑兵又形成第二次包围,在连长的指挥下,机关枪猛烈开火,全连战士一起冲出重围。这其中,四连三排五次冲破日军包围圈。战斗中,阵地前日军留下一片尸体、战马,而四连也牺牲了6名战士。当两架敌机在父子岭上空扫射时,六连火速越过一片开阔地,赶在日军增援前面,攀登陡峭的山壁占据了车山阵地。这时。敌机由2架增至4架,弹雨像飞蝗一样打在石头上蹦跳着,炮弹掠过头顶发出嘶嘶地吼叫。阵地一片火海,日军企图再次包围车山。营长下令五、六连主力转移,只留下一小部分掩护主力,其余战士化整为零,以麻雀战方式袭扰日军,从日军包围的空隙中突出重围。当日军的子弹、炮弹正向山上倾泻时,突出重围的新四军指战员已从日军侧方袭击而来,予敌重创。

战斗进行到下午4时许,日军在父子岭败下阵来。日军的马匹驮着累累死尸,经村上大路走烟墩、乔木湾,向大通方向溃退。

坚守在土塘东北一带的一营主动吸引日军一部,在吕山冲与日军展开白刃肉搏战,激战达4个小时,日军丢盔弃甲,伤亡惨重。

父子岭战斗,共打死打伤日军370名,击毙马匹20余匹,缴获长短枪20支、机步枪子弹共5000余发、掷弹筒弹37枚,火药两箱,信号弹10发,还有军服等物资。二营以伤亡87人的代价,粉碎了日军进攻云岭的企图。

父子岭战斗中,一位战士受了重伤,他一个人缴获了三支枪。战斗结束,有人问他,为何负伤不吱声?他说:"我怕敌人没有走,死不要紧,但三支枪比命重"。还有一个战士牺牲了,手里还紧紧抱着两支枪,自己的党证放在胸前。另一位是四连文化教员名叫诸锦麟,他用手榴弹与七八个日军同归于尽。

全民抗战离不开人民的支持和拥戴。父子岭伏击战中,根据地老百姓老少齐动员为新四军抬担架、带路、送弹药、运物资、送茶送饭、甚至打扫战场,处处皆有他们的身影。新四军向三里店行军时,两名当地的自卫队员在前面侦察敌情。一次军队夜间伏击,三名带路的自卫队员杀死了两个日军哨兵。战斗中,抬担架的民工人手不够,当地的妇抗会组织妇女连夜上山砍毛竹,做担架,妇女也上阵抢运伤员。战斗过程中,老百姓冒着枪林弹雨,给阵地战士送茶送饭,甚至将家中舍不得吃的鸡蛋煮熟送到战士的手中。

新四军在父子岭、何家湾一带同敌鏖战,吸引了日军这次"扫荡"皖南兵力的二分之一,达到了钳制、分散、动摇、疲惫日军的效果,并且予日军以很大的杀伤,在历时10天,10多次大小战斗中,父子岭战斗是最大的一次伏击战。

新四军政治部文艺工作者林因作词,何士德谱曲的《我们站在父子岭上》,在皖南根据地一时传唱不息,颂扬了父子岭战斗的胜利。

蒋介石和第三战区司令长官顾祝同听到父子岭战斗胜利的消息后,也不得不承认新四军英勇顽强能打硬仗。他们分别发来了贺电,对新四军老一团通报嘉奖。

档案资料

华中战况

（资料来源：《新华日报》1940年4月28日）

華中戰況⋯⋯

鄂南敵向鄂嶺，邊境九宮山猛犯，正劇戰中。贛北敵亦擾伺西山鷲壽富乾州街等處反撲。安徽沿江南有激戰，擊毀敵艦敵機各一，我軍一路逼近蕪湖。

（中央社修水二十六日電）由通山東侵辛潭儲南接之敵，自經我擊退後，二十五日晨，增渡數千，復集中砲火，向九宮山以北地區楊芳林失嶺猛附近猛烈來犯，經我奮勇堵擊，斃敵八百餘，至二十六日晨，激劇戰鬥仍在繼續進行中。

（中央社長沙二十七日電）鄂南敵分股向九宮山東鷲隴滿燕廈（均陽新西南）竄犯，經我解渡後，另（較）二十六日晨至橫石潭寶右河一帶，劇戰往來遊弋，二十六日晨，經我解渡後，另（較）二十六日晨至橫石潭寶右河一帶，劇戰鬥仍在繼續進行中。

（中央社修水二十六日電）贛北敵亦擾伺西山萬壽官之殘艦，仍盤泊湖心，另有汽艇十餘艘，迄昨晚仍在劇戰。

（中央社渣水二十六日電）贛北方面自我克復西山萬壽官後敵，竄某部渡滿天險裁線，為死守南昌，企圖牽制我西山萬壽官為北外圍要點，不解渡遊弋，迄二十七日午，仍在錢地附近及長溪劉一帶地區劇戰中。

（中央社安廿六日電）贛北敵閃退火怜敗，惱羞成怒，再予來犯之凌敵以常創，經我奮勇堵擊，斃敵無算，是役格斃與射死之敵，計八百餘，當日下午⋯⋯

（中央社徐州二十七日電）敵猛犯我南陵之敵，在城郊展開血戰，爭奪甚烈，至九時許，敵文強打入城，挺廿六日拂曉前，我軍開始向寶慶南陵之敵猛攻，當晚再佔南陵，迄廿七日午，仍在⋯⋯

（中央社徐州二十六日電）陷乾州街竄擾，我猛勇堵擊，不向柱州街逆犯，我奮猛堵殺，遺骸無算，到止柴機殘敵中。

（中央社徐州二十七日電）廿六日拂曉前，我軍開始向寶慶南陵之敵猛攻，在城郊展開血戰，爭奪甚烈，至九時許，敵文強打入城，挺廿六日晨作戰我奮勇登四迨入城，挽猱白刃，格斃斬殺，當時敵殘兵克復。是役格斃與射死之敵，計八百餘，當日下午⋯⋯

均通山東南一帶，劉仍在城郊搏戰中。

昌附近之敵艦來增援，竄至龍泉山梯山村（均府陵陽北）一帶，劉仍在城郊搏戰中。

芜湖地区国民党序列抗日武装

抗战期间,芜湖地区活跃着一批隶属于国民党序列的抗日武装,他们在全民抗战、全面抗战的旗帜下,宣传抗日、敌后袭扰、打击敌伪、保卫乡里方面做出了突出贡献。

一、忠义救国军三纵队三支队

忠义救国军三纵队三支队,支队长贾维禄,亦称贾支队(以下简称"贾支队")。

贾支队在芜湖期间,有过抗击日伪军的战斗业绩。1943年3月27日,他们将芜湾铁路杨家渡铁桥炸毁,并击毙日军二人,获枪数枝。同年10月2日下午1时许,日军窜入界埂徐杀人放火,后退至新塘湖,逃往小河口据点,贾支队一部闻讯出击,一直追至新塘湖。10月19日晨6时,伪第三师数十人闯入马家园抢夺商场物资,贾支队第三大队及芜湖县自卫队闻讯,及时出动,将伪军击退。10月30日,日伪侵略军100余人携小炮、机枪向十连乡新塘湖、萧家渡、老鹳嘴进袭,在遭到芜湖县自卫大队和第三战区长官部京芜线游击第一支队(以下简称"苏支队")的迎头痛击后,续增兵力二百余人,骑兵数十人,与之对峙。战斗危急关头,贾支队闻讯增援,敌势不支,向小河口方向逃窜。

贾支队还非常注意搜集情报,专门派出饶鸿渊等十五名情报员在芜湖附近担任情报工作,搜集到的情报及时与芜湖县政府交流。1943年9月底10月初,日军发起苏浙皖战事时,支队长贾维禄就主动向芜湖县县长张梦熊通报情况,并转达忠义救国军总部的电令,提请注意加强合作联防。

但贾支队也有散漫行为。1943年10月10日,该队两名士兵携两支长枪到芜湖县夫子阆保长陶克焌家,声称到对岸有公务,将枪寄放陶保长家。陶保长意识到两人有投敌行为,遂与劝说。恰逢苏支队有人在此路过,陶保长就将两支枪交给了他们,并告发了两人言行。这两个叛逃人员,随即到湾沚警察局报告。由于陶保长逃得快,湾沚警察下乡将其妻逮捕,予以羁押审问。

当然,与忠义救国军其他部队一样,贾支队在芜湖期间一方面抗击日伪,但其与伪军的联系也确实是千丝万缕的,窜入奎潭镇的伪军特务团谢锟部就与贾支队有着密切的联系。另一方面,他们对共产党领导的新四军也是怀有敌对情绪,不仅污蔑共产党新四军为"奸匪"、"奸党匪军",而且对进入防区的新四军部队也是倍加防范。

二、军委会别动总队第三大队

军委会别动总队第三大队(以下简称"别动三大队"),下辖七、八、九三个中队,大队部驻老鹳嘴(系南芜边界上的一个较大村庄)。先任大队长朱柏林(后因身体问题,提出辞职),1938年8月25日,副大队长俞澍传代理大队长之职。七中队队长史景章、八中队队长陶振华、九中队先任队长骆风振,后任为李辅臣上尉。

代理大队长俞澍传上任后,于1938年9月13日,发出通知,在老鹳嘴举办"九一八"纪念大会,要求所属各队"全体官兵,迅即准备'九一八'纪念,登台表演最新话剧(或择旧戏编制可也),届期全来老鹳嘴第八中队队部集中。"并指示各中队张贴纪念"九一八"标语,用红绿黄三色纸张抄写张贴夫子阁、马家园等处。标语为:(1)纪念"九一八",要拥护最高领袖蒋委员长抗战到底主张;(2)纪念"九一八",民众要武装起来;(3)纪念"九一八",要肃清汉奸;(4)纪念"九一八",要发动全面抗战;(5)纪念"九一八",要展开全民的游击战;(6)纪念"九一八",全国男女同胞总动员起来;(7)纪念"九一八",军民合作起来,共同抗战;(8)纪念"九一八",要集中全国力量,一致抗敌;(9)纪念"九一八",大家要赶快起来,争取最后胜利;(10)纪念"九一八",大家要参加伟大的民族解放战争。落款为"军委会别动第三大队"。

别动三大队驻芜湖期间,为准备抗击日本侵略军,根据司令部的要求,加强训练,所有请假,概不准许。同时要求各中队立即物色特务员人才或在该队中挑选精明强干、熟悉地势人情的士兵两名,以便派遣担任情报工作。该部担任的另一项工作,是收集组编枪兵步队,即将民间所有退役官兵及枪弹武器全部集中,整理齐备,听候点验出发。

然而,该大队也存在很多困难和问题,军容不整,纪律涣散。第八中队原应奉命移驻阮村渡河西,但由于该队军服不齐,有碍军容,故司令部决定暂免调往阮村渡,取消移防任务。第七中队副队长王茂林在西河聚众抢劫,被处枪决。第八中队一分队队长王平胜擅离职守,被革职。

该大队后并入忠义救国军贾支队,改称军委会别动总队、忠义救国军三纵队三支队三大队。

三、第三战区长官司令部京芜线游击第一支队

第三战区长官司令部京芜线游击第一支队,支队长苏建中,亦称苏支队(以下简称"苏支队")。该支队的活动范围是在京芜线芜湖至当涂段,驻地经常变动,但多数驻扎在芜湖县政府周边,芜湖范围内历次战斗均有参加,且充当主力。1943年7月4日,芜湖、南陵两县抗日武装部队在六区保安副司令袁岱的领导下联合进攻奎潭伪军谢锟部时,苏支队就担负了主攻突击任务。由于攻势猛烈,一举收复奎潭、罗家埂一带。据苏建中战后报告,"敌伤亡莫计,缴获甚多。"当然,牺牲也在所难免,此一战,苏支队伤亡官佐士兵七名。1943年10月,日军在发起苏浙皖战事前,支队长苏建中就主动与芜湖县政府通报情况,后又在敌后承担骚扰任务,并且与芜湖县国民兵团自卫队、忠义救国军贾支队一起,对于下乡扫荡的日伪军予以迎头痛击,承担起打击日伪、保卫乡里的任务。

四、皖南敌后先遣纵队芜湖支队

皖南敌后先遣纵队芜湖支队,支队长洪添铭,隶属第三战区铜南繁泾绥靖指挥部。该队成立于民国三十一年(1942年)三月,根据指挥部的命令,该队编制为支队长、支队副各一名,秘书一名,战地联络

员三至五名,参谋三名,副官两名,通讯员五至十五名。经费由芜湖县党部和县政府负责筹集,但经费使用前必须拟定计划,上报指挥部批准方可动用。关防印章自行刊刻,报指挥部备案。根据规定,所有支队部人员及各级队长不支薪给(即"不发工资"),但人员任免须报指挥部批准。据该队编制的《皖南敌后先遣纵队芜湖支队部官佐姓名清册》,县长洪添铭为支队长,芜湖县党部书记长储文朗任副支队长,秘书李世英,参谋李百钧等三人,副官徐幼亭等二人,通讯、联络员黄玉影等五人,并设有一、二、三三个分队队长之职,符合规定编制要求。但该队存在时间很短,1943年2月即行撤销。

五、芜湖地区各县自卫大队、国民兵团

芜湖境内各县自卫大队成立较早,一般都是由县长任自卫大队队长,乡保长任中队队长,承担保卫乡里的任务。后由于汪伪政权下令将所有自卫组织一律改为保安团。为避免混淆,1942年元月,安徽省政府根据国民政府军事委员会的命令,通知各县将自卫队更名为国民兵团,隶属县政府领导。芜湖县自卫大队遂更名为芜湖县国民兵团,十连乡、白沙乡自卫中队分别改为芜湖县国民兵团第一、二中队。

芜湖县历任县长都有担任县自卫大队长的经历,一些人还有过战斗经历。芜湖县县长武汉在担任自卫大队队长期间,多次亲率自卫队摸进芜湖城区袭扰敌军,收获颇丰,后不幸罹难。三战区长官司令部、安徽省政府、皖南行署均予以通令记功嘉奖。芜湖县县长张梦熊领导国民兵团期间,就应南陵县县长王建五的邀请,担任了攻打奎潭镇伪军谢锟部的总指挥,并率芜湖县十连、白沙自卫中队担任中央攻击任务,取得了胜利。

档案资料

安徽省军管区司令部委任李炳炎为芜湖县国民兵团自卫第一中队少尉分队长

（资料来源：芜湖市档案馆旧政权档案0302-0101-0143卷）

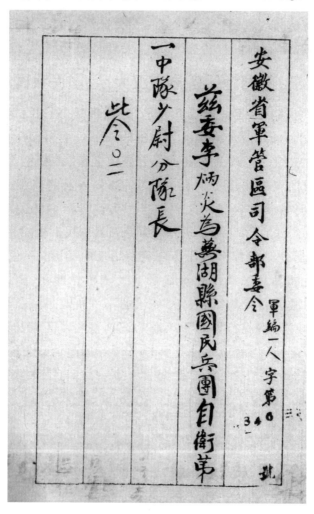

134

芜湖县政府奉令组织敌后先遣支队

（资料来源：芜湖市档案馆旧政权档案0302-0101-0339卷）

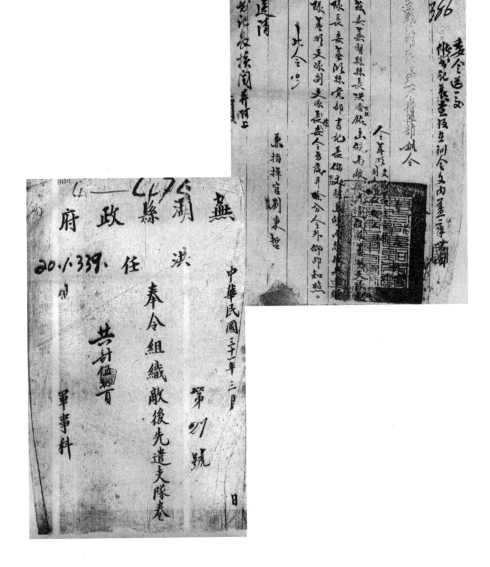

不能忘却的记忆 —— 芜湖抗日战争档案文献资料选编

芜湖县政府奉令正式成立忠义救国军

（资料来源：芜湖市档案馆旧政权档案 0302-0101-0350 卷）

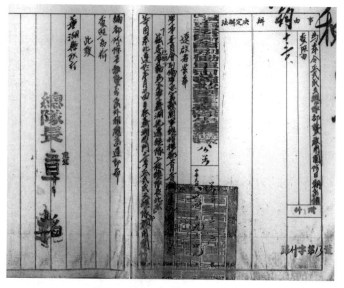

抗战歌曲《精神改造歌》

（资料来源：芜湖市档案馆旧政权档案 0302-0101-0008 卷）

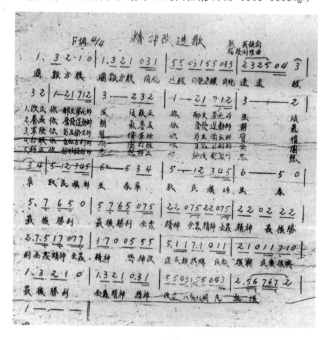

奎潭会战

这是一次由芜湖地区多支抗日武装部队主动出击,会剿伪军的进攻战。

南陵县奎潭镇,位于青弋江与漳河之间,是芜湖、南陵之间的交通要道,历来就被称为鱼米之乡。抗日战争期间,奎潭镇由于紧靠沦陷区,但由于日军铁蹄尚未践踏,因此这里的人民的生活虽算不上安居乐业,但也安稳有序。但1943年6月初,这里的平静生活被打破了。伪浙皖闽赣总指挥部第三路挺进队指挥部特务团团长谢锟、参谋长魏超进占奎潭镇,伪浙皖闽赣总指挥部第三路挺进队第四纵队第一支队队长秦家发率队进占罗家埂。他们占据这一地区之后,控制了奎潭镇以南约两华里附近罗家埂、秋口张以及该镇以北一华里八方何一带地区,并在一字埂构筑碉堡一座、防御工事多处,意欲长期盘踞于此。他们绑票勒索,无恶不作,强迫每保每月要提供米麦30余担,法币两万元,如要违抗,即行烧杀,并声称如果俘获奎湖乡乡长,需款十万元方许赎回;俘获乡公所职员,亦需五万元方可赎回。当地百姓苦不堪言,民众纷纷出逃,田里的庄稼无人照管,家里的五谷杂粮均被伪军搜刮一空。于是,当地百姓纷纷上书南陵县政府,请求派兵驱赶这些祸国殃民的伪军。经南陵县政府呈报安徽省第六行政专员保安司令公署(简称"六区公署")。1943年6月22日,专员司令邓昊明批准立即组织力量剿灭这批无恶不作的伪军,并指派副专员司令袁岱前往南陵县坐镇指挥。

由于奎潭镇远离南陵县城县政府所在地,而芜湖县政府则驻扎在奎潭附近的龙潭乡一带,于是南陵县县长王建五就致信芜湖县县长张梦熊,请张县长主持剿灭奎潭伪军,同时将这一情况上报六区公署。得到六区公署同意之后,6月29日,在南陵县政府召开了专题军事会议,袁岱、张梦熊、王建五以及南陵县政府军事科、国民兵团、金阁区负责人参加了会议。会议决定,集中南陵、芜湖两县地方武力及附近友军,统一指挥,相机痛剿,由南陵县抽调武装人员100名、枪100支,芜湖县抽调武装人员200名、枪200支。会议推定芜湖县县长张梦熊任指挥官,南陵县政府军事科长沈建勋为副指挥官。作战命令待侦查敌情后下达。

根据侦查到的情况,伪军谢锟部约有200余人、持枪200多支,秦家发部约有100余人、持枪100多支。据黄墓乡乡长刘有复报告,伪军拥有重机枪1挺、轻机枪3挺(其中两支是坏的)、步枪160支、手枪50余支。尽管情报与此前传说不大相同,但轻重机枪的威力大打折扣,这确立了指挥官的信心。

7月4日下午6时,指挥官下达了作战命令,确定作战时间为7月5日拂晓前,约请苏支队为右翼,由原驻地出发,经十连乡、含口孙、秋口张、老埠谈,向奎潭进攻,并派奋勇队绕至埭南圩、小坝嘴,破坏浮桥,截击敌人;南陵六乡联保及清乡队、芜湖县陶辛区队为左翼,安排六乡联保中队队长指挥,由龙潭乡公所出发,经周王村、旗杆村、盛村,向八方何、奎潭之敌进攻;芜湖县国民兵团第二中队为中央队,由原驻地经竹科王向罗家埝、罗村、奎潭之敌进攻。战斗以左翼部队枪声为号,各队群起而攻之。占领奎潭后,由苏支队警戒埭南圩之敌,南陵县六乡联保中队警戒散水圩、茅村之敌,芜湖县自卫一中队担任奎潭镇警戒。各部队分别派队搜缉残敌并破坏敌人的碉堡工事。芜湖县国民兵团第一中队、咸保区队为预备队,位置于竹科王附近。战斗打响时,指挥部进驻竹科王。作战命令还规定了口令和联络信号,其中普通口令为"顺利",特殊口令为"民族精神"。联络信号为战斗结束时,分别在两处点燃两堆稻草。

根据部署,7月5日凌晨2时30分,各部队到达指定攻击准备地点。2时40分,由担任左翼的南陵县六乡联保中队率先打响,各部队闻枪声而动,从3个方向同时向奎潭镇发动攻击,当即将罗家埝、秋口张、八方何之敌击溃,并继续向奎潭镇推进。

枪声一响,南芜两县及苏支队参与作战的400人枪,在夜深人静之时,显得格外惊人,盘踞在奎潭镇碉堡和各工事的伪军一下子全懵了。猝不及防之间,不知道究竟有多少人攻打,也不知道是哪些方向在打。三个小时之后,参加攻打奎潭镇的抗日武装队伍奋勇冲入奎潭镇,并于清晨6时攻占奎潭镇。伪军开始向埭南圩撤退,部队追击伪军五里多路至小坝角,攻进奎潭镇的各路部队开始破坏碉堡和防御工事,打扫战场,收缴战利品。

6时50分,从远处传来枪声,原来是湾沚、竹丝港方向有百余名日军携带掷弹筒、轻机枪前来增援。在日军猛烈炮火下,为了避免无谓牺牲,指挥官命令各部队依序撤离奎潭镇,逐渐退出战斗,各回原防地休整待命。

奎潭之战击毙伪军30余人。缴获冲锋机枪1挺,手枪1支,步枪15支、六五步枪子弹43发、手榴弹13枚、钢盔13顶,还有一批军用物资。地方武装阵亡中队长、士兵各2人,系苏支队第一中队队长武国和、第五中队队长陈忠义,列兵张华、方得胜;负伤分队长1名,系苏支队黄亮;士兵系苏支队列兵罗建章、胡思祥,芜湖县自卫一中队列兵夏文才。陶辛区队列兵李之渌在攻打奎潭镇时,不幸被捕。被捕之时,李之渌将步枪藏于稻田里,没有被伪军缴获,后虽遭严刑拷打,但始终没有投降,后被营救获释。此战共计消耗七九机步枪子弹13319发、六五步枪子弹85发、手枪子弹549发、手榴弹32枚。

芜湖县、南陵县政府,在日伪军不断骚扰的情况下,组织地方武装保卫地方安全,反击日伪军嚣张气焰,在一定程度上也削弱了日伪军的力量,为抗战做出了贡献。也就是这次战斗,狠狠打击了谢锟部,他于1943年12月5日率队向国民党忠义救国军一部(驻南陵七连圩)投诚,此乃后话。

档案资料

奎潭战斗作战命令

（资料来源：芜湖市档案馆旧政权档案 0302-0101-0289 卷）

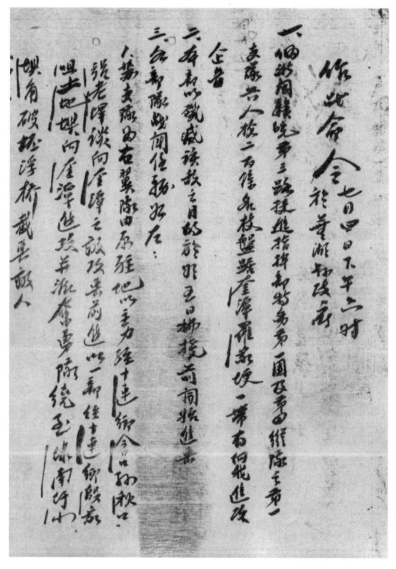

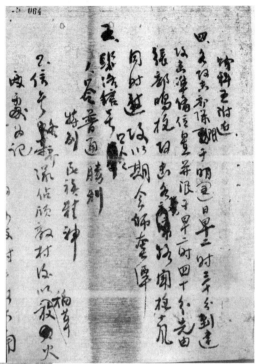

四、义勇军预备队于明（日）日晨三时三十分到达
以奇袭准备信号星并派于早二时四十分先由
张部鸣枪田亩并多时敌不明挂花允

同时进攻以期会师会军

五、联络铭号口八人，口八人个

2、信于多队部派估顾敌村以以段●火

特别民族精神

六、各部队供领李军以应，某动应成
堡南圩上敌 张部李成部小圩
崇村之敌 某侗初自御东担任李
凛珠与堂成各敌部队分别授传递
敌并破坏敌之工事

保安副团令袁代
某侗师正庆
指挥发
南侯
张学典

141

奎潭镇附近敌伪态势要图

（资料来源：芜湖市档案馆旧政权档案 0302-0101-0289 卷）

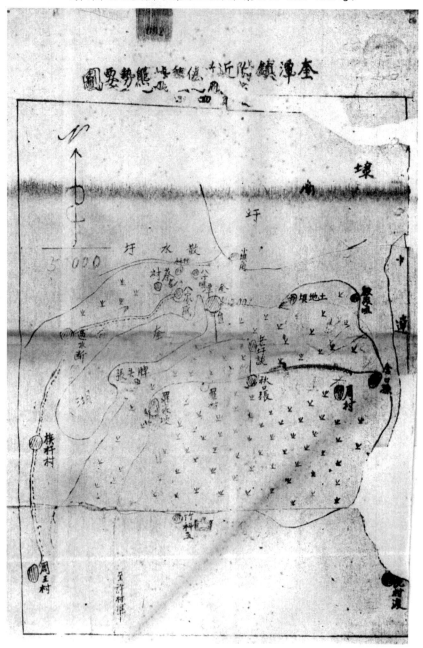

南陵报告奎潭敌伪情形与芜湖县会剿的电文

（资料来源：芜湖市档案馆旧政权档案 0302-0101-0289卷）

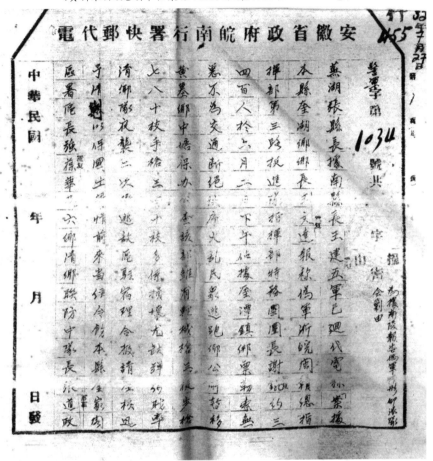

奎潭战役战斗详报

（资料来源：芜湖市档案馆旧政权档案0302-0101-0289卷）

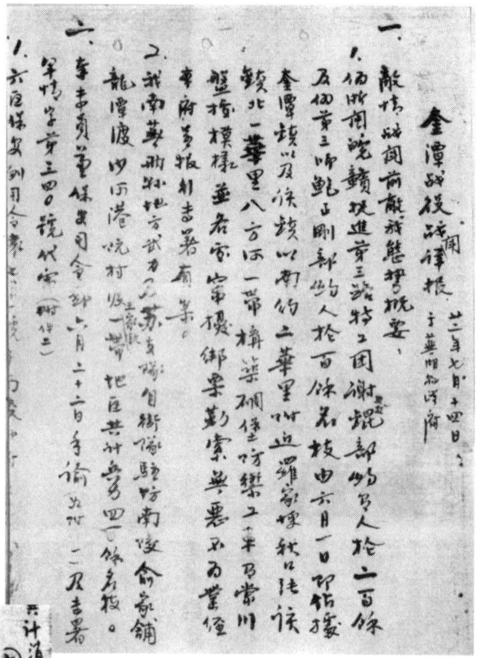

奎潭战役战鬥詳報　卅三年七月十四日

一、敵情戰鬥前敵我態勢概要

1. 偽皖南第三路特工團謝鋭部約百人槍二百餘及偽第三師鲍正剛部約人槍百餘名枝由六月一日即佔據奎潭鎮以及該鎮以南約二華里附近羅家埂秋口[illegible]該鎮北一華里八方坪一帶構築碉堡防禦工事為常川盤據模樣並[illegible]竄擾鄉里勒索無惡不為業經本府多報有案。

2. 我南陵縣地方武力蘇支隊自衛隊駐防南陵俞家鋪龍潭渡沙[illegible]港皖村坂一帶地區共計兵力四百餘名枝。

二、

1. 奉本專員兼保安司令部六月二十二日手諭[illegible]二及手書軍情字第三四〇號代電（附件二）

1. 六区保安副司令[illegible]

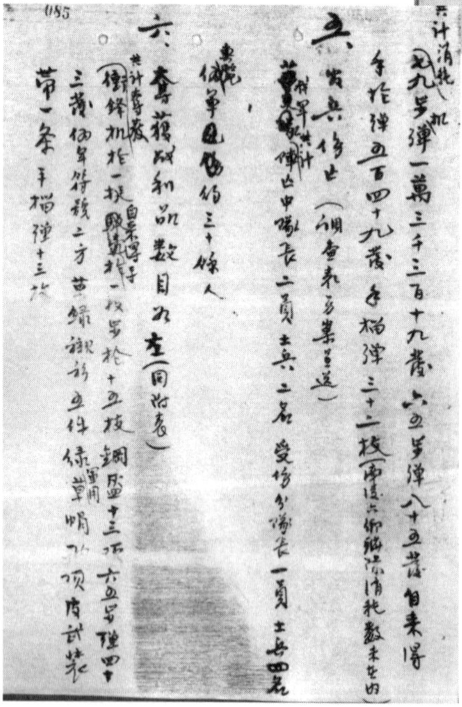

共計消耗（九九步）机彈一萬三千三百十九發 六五步彈八十五發 自來得手槍彈五百四十九發 手榴彈三十二枚（南陵六區[illegible]消耗數未在内）

五、官兵傷亡（詳查表另案呈送）

共計陣亡中隊長二員 士兵二名 受傷分隊長一員 士兵四名

傷斃偽軍約三十餘人

六、奪獲械彈品數目如左（同附表）

共計奪獲衝鋒机槍一挺 自來得手槍一枝 步槍十五枝 鋼盔十三頂 六五步彈四十三發 偽軍符號二方 黄綠軍用[illegible]五件 綠草帽[illegible]頂 [illegible]武裝帶一条 手榴彈十三枚

游击第一支队苏建中关于奎潭会战的报告

（资料来源：芜湖市档案馆旧政权档案 0302-0101-0289 卷）

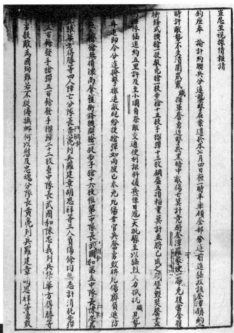

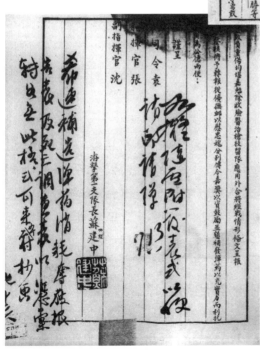

十连乡反扫荡

芜（湖）湾（沚）铁路是日军进犯皖南的重要运兵线路。由于该路堍南、陶辛段紧靠尚未沦陷的芜湖县十连乡、白沙乡以及南陵县境。沿线活跃着京芜线游击第一支队、忠义救国军贾支队等地方自卫抗日武装，还有铁道破坏队时常发起对铁路沿线道轨、铁桥等的袭击。1943年2月，忠义救国军特务人员就将芜湾铁路杨家渡铁桥炸毁，并击毙二人，获枪数支。同年9月底10月初，日军浙西、皖南秋季大扫荡期间，芜湖作为日军发动进攻的巢穴，受到各抗日队伍的不断袭扰，使得日军顾此失彼，恼羞成怒，早就酝酿要进行报复。1943年10月27日晨，驻南陵铁道破坏队再次将芜湾铁路道轨炸毁数段，并毁坏敌车三辆，于是再次引起了日军的报复欲望。

为了达到报复的目的，同时也为了掩护修路，28日晨3时，百余名日军携带掷弹筒两门、轻机枪四挺向毗邻芜湾铁路的十连乡新塘湖、萧家渡、茅家渡、老鹳嘴一带进扰，在突破了苏支队的防线以后，继续向南芜边界攻击前进，意欲强攻芜湖县政府（位于芜湖、南陵两县交界的南陵县俞家埠），受到芜湖县自卫大队的迎头痛击。虽经数度冲锋，机枪大炮密集扫射，终未得逞。至黄昏时，日军自度力量单薄，退至萧家渡。29日晨，日军续增步兵二百余人、骑兵数十名，继续向我方控制区进犯，再次受到自卫大队和苏支队的阻击，双方激战由晨至午，战斗甚为激烈。由于该地处于圩区，沟渠河塘星罗棋布，圩埂堤坝密如蛛网，日军骑兵根本派不上用场，而圩埂堤坝又可以成为天然的隐蔽工事掩体，所以日军火力虽强，掷弹筒、轻机枪也无用武之地，因而无法实施有效的攻击。而自卫大队队员也是缺乏训练，枪弹横飞但命中率有限。后来由于自卫大队等因军火不济（每支枪仅存弹药二三颗），势难再战，当即通知民众自行退出避战。自卫队等掩护民众退出后,亦退至金塘保。此时狗急跳墙的日军于是就将怒火发到无辜老百姓身上,29日11时许,他们将老鹳嘴、东溪保、朱墩、茅家渡一带大肆焚烧后,向小河口据点方向退去。

10月30日中午12时,日军再次进扰新塘湖,被自卫队击退。31日晨6时,二百余名日军再次向俞家埠进扰,被芜湖县自卫大队、苏支队夹击,狼狈回窜南陵县奎潭及芜湖县埭南据点。11月1日清晨,在贾支队的援助下,自卫大队、苏支队发动拂晓攻击,日军闻讯回窜竹丝港,此次日军扫荡被彻底粉碎,贾支队、苏支队、自卫大队回到原防地。此次战斗,我方官兵无一伤亡,计击毙日军三名,击伤日军六名。我方消耗步枪、机枪枪弹一万五千七百一十发,手枪弹十五发,手榴弹四枚。

芜湖县政府张梦熊县长饬令十连乡乡长宦葆光调查此次民众被烧毁房屋、伤亡确数及掠劫情形。11月3日,经县政府派员与十连乡联合调查,计死百姓十名,分别为朱敦保的许泽衍、许泽金、许朱氏、许泽凯、许陶氏、沈德来、沈德南,茅渡保的朱元道、朱松林、金一木;许王氏、许朱氏、许泽发、许泽培、刘朋溥等十人受伤,被烧毁民房二十一所,被掠劫粮食百余担。

十连乡反扫荡是在当时国民党芜湖县政府领导下的一次突出战例,各抗日武装协同作战,它打击了日军嚣张气焰,使其不敢贸然在游击区胡作非为。

档案资料

十连乡反扫荡战斗详报

（资料来源：芜湖市档案馆旧政权档案0302-0101-0289卷）

一、敌情：敌兵力约三百余路兵数十名附掷弹筒二门轻机枪四挺月十六日下午三时经李家渡秋塘河金潭等地更须须须何我方退据经济经立据立据不支四窜竹丝港。

二、我军状力：许本县各街中诸反宣实战时东李冢锡是中部闻领大乡联修中乡镇道政许忠敬贤更久休一部共约五百余人分驻王橄江湾统村渡崔家塘八字口俞守镇谢塬河守许村铺龙塘坡以个卷一带为饰筑董相械械敌人其力闷守在塘兵切並立派绍部各迎现公临布署经過五日在始待敬意质至百上午五時各处原防

三、战闹经过三枝卷：
湾路道新炸政爱地段东三制少为狼後並据修助地

六、二八早六時：敬百余名附掷弹简二门及轻機枪数挺何拜十匹乡卦塘阳萧守渡忠敬唯古视哩進擾兮修職車俪迎頻鋪東退二九晨並作我卦阳敬势不支竄老视哩東溪朱燒华彭渡大埠燒何小巧口方面竄退

四、此役修止：我方官兵无死修，計其覚敵三名，重修敗六名。

五、鹵獲弹药：我方共消耗多機弹卦

六、敵笔泰列：据对鄉者観唱村业敞我軍十名者十名並焚燒民房十一所計會仓士卦士卦詳曲

十连乡反扫荡战斗伤亡统计表

（资料来源：芜湖市档案馆旧政权档案0302-0101-0314卷）

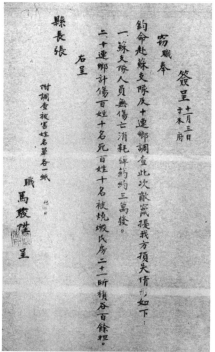

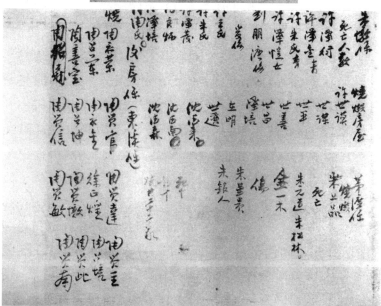

芜湖县政府保卫战

1943年10月底,日军在芜湖县老鹳嘴等处受创后,复于11月14日拂晓再次进犯袭扰。日伪军约千人携山炮两门,由马家园、茅村渡、奎潭三路冒雨偷袭,突破苏支队防线之后,向国民党芜湖县政府所在地进犯。日军对于地处沦陷区边缘的芜湖县政府恨之入骨,多次派兵从湾沚经红杨进行袭扰,而此次进袭,目的非常明确,就是找到县政府所在地,意欲一举歼灭之。

其时,芜湖县政府就设于与芜湖县白沙、十连两乡毗邻的南陵县龙潭乡(建国后为南陵县东塘乡)朱村。因为芜湖自沦陷以后,仅白沙、十连两乡以及少部分地区未沦陷。芜湖县政府设在此处,可以控制白沙、十连两乡,执行公务。其余已沦陷区则分别设万春、石硊、咸保等区署,代表县政府推行政令。

1943年11月14日清晨4时左右,天刚朦朦亮,日军由老鹳嘴、马坝陈等处进犯并于崔家桥附近天井坝偷渡杨公圩,企图抄袭俞家埠、包村、龙潭渡、杨园后路,一举消灭驻扎在此处的芜湖县政府。正当日军打着如意算盘的时候,他们的行动被驻扎在崔家桥的芜湖县国民兵团第二中队第二分队哨兵发现。5时左右,哨兵于黑暗中发现对岸疑影瞳朦,遂向分队长报告。分队长立即组织兵力加以阻袭并派员向中队长沈连鹏报告,一声枪响打破了拂晓的寂静,继而三声枪响引起了更大的骚动,随即八尺口方向驳壳枪连声响起,惊醒了睡梦中的人们。由于偷袭行动被发现,日军遂转道杨园、八尺口后路挺进,变偷袭为强攻,一股三百余人的日军向芜湖县政府驻扎地朱村袭来。

二中队长沈连鹏闻讯后,立即部署并率领驻扎在下坝、杨园的第一分队向崔家桥方向增援。不料驻扎在八尺口的班哨前后受敌,以致不能立足抵抗,只好沿着土埂后撤,八尺口哨所遂被日军占领,日军点燃了哨所遗留的衣被等件。八尺口班哨撤退途中,恰好遇上前来增援的二中队长沈连鹏,沈中队长立即下令在谈村埂堤就地抗守。约两小时后,由于日军火力猛烈,在迫不得已的情况下,二中队退至朱家祠坚守。沈连鹏立即向县长张梦熊报告,要求调集中队其他分队前来支援。张梦熊同意沈连鹏的报告,并采取了"诱敌聚歼"的策略,将自卫队兵力分布在崔家桥、朱家祠两处,利用有利据点,虚张声势,伺机发起反击。

而驻扎在俞家埠附近的国民兵团第一中队在听到崔家桥附近传来的枪声之后,第一中队队长刘步云立即部署第一分队第一班占领对包村之方向,第二班占领对许村铺之碉堡;第二分队全队固守河畔俞;第三分队占领对滩上朱之圩堤及碉堡,对八家桥、崔家桥进行监视。晨6时,刘中队长即率第一、第二分队占领河畔俞以东之菱角地,继而又调动第一分队占领芜湖县政府驻地东北角对俞家埠及包村一带。

此时,日军二百余人由小坝嘴园向第一中队驻地进攻。刘中队长即与第一、第二分队全体官兵迎头痛击,日军被击溃,第一中队随即由圩堤及圩心小路追击。同时,刘中队长命令第三分队由包村向日军围攻,而沈连鹏率领的第二中队全体官佐士兵也已调集到位,奋勇反击。此时,恰逢大雾弥漫,日军不明自卫队兵力虚实,至10时许,日军只好在炮火掩护下撤退。芜湖县自卫队遂乘胜发起追击,并截获敌船三只。等到自卫队大队赶到之时,日军已退至湾沚方向。下午2时左右,自卫队相继收复白沙、十连两乡。

此次战斗,第一、第二中队攻击消耗各类长短枪子弹3107发,手榴弹27枚,人员无一伤亡。

敌军在此次袭扰过程中,经过杨园、阮村渡、老鹳嘴等处,共烧民房三十余家,杀死男妇民众四十三名,尸横道路,惨不忍睹。

档案资料

芜湖县政府游击根据地及碉堡盘查哨要图

（资料来源：芜湖市档案馆旧政权档案0302-0201-0386卷）

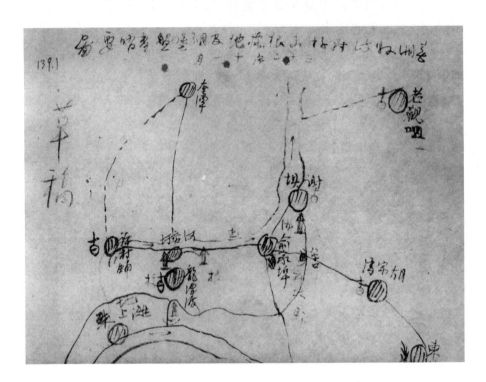

安徽省芜湖县（1943年）九月份游击区域概况册

（资料来源：芜湖市档案馆旧政权档案0302-0201-0386卷）

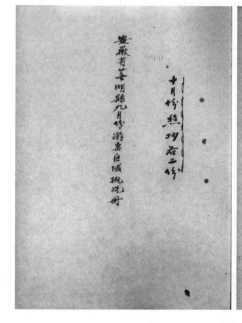

芜湖县国民兵团第一中队队长刘步云关于芜湖县政府保卫战的报告

（资料来源：芜湖市档案馆旧政权档案0302-0201-0314卷）

芜湖县国民兵团第二中队队长沈连鹏关于芜湖县政府保卫战的报告

（资料来源：芜湖市档案馆旧政权档案0302-0201-0314卷）

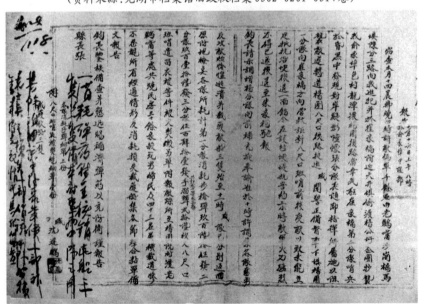

胜利篇

1945年9月3日,一个用鲜血凝成的日子,一个值得中华民族永远纪念的日子。日本侵略者在受降书上签字,宣告了日本军国主义的彻底失败。中国人民迎来了抗日战争和世界反法西斯战争的伟大胜利。

芜湖光复前后

　　1945年,国际反法西斯战争进入最后阶段,5月8日,德国投降,日本陷于完全孤立的境地,随后在各方面压力下,8月15日,日本正式宣布无条件投降。第十八集团军总司令朱德代表延安总部限令日伪立即放下武器,缴械投降。新四军军部随即向华中各地日军发出通牒,命令所有日军部队及机关停止一切抵抗,并在原驻地听候处理;同时将一切武装、交通工具、军用器材及所有物资于二十四小时内全部交予就近之新四军部队。

中国军官在芜湖战俘集中住所向日俘训话

　　安徽境内的新四军根据中共中央指示和新四军军部的部署,立即向当地日伪军发出通牒,命令其就近向新四军缴械,同时向拒不投降的日伪军发动猛烈进攻。担负夺取芜湖市任务的新四军七师首先扫除了芜湖城外围的敌伪据点,随后迅速向芜湖市移动,在受降不成的情况下,对芜湖城区进行武力攻击。在猛攻日军驻芜湖司令部所在地赭山的同时,在南关、卡子口、湾沚一带部署兵力,加强对芜湖城区攻击的力度。原驻城区正东方向20里清水河的伪保安大队因惧怕新四军而退据城区。1945 年 9 月 23 日下午,新四军七师在围攻芜湖城三天两夜后,遵照上级指示撤出战斗,奉命北上。

与此同时,远在千里之外的重庆、延安之间,发生了一件事关国家大计的事情。先是蒋介石于 8 月 14 日电邀毛泽东赴渝商讨日本投降后的"国际国内各种重要问题"。毛泽东、朱德于 8 月 19 日回电后,蒋介石再次电告,其中就特别强调了"朱总司令电称一节(指八路军、新四军受降)似于现在受降程序未尽明了。查此次受降办法,系由盟军总部所规定,分行各战区,均予依照办理,中国战区亦然。自未便以朱总司令之一电破坏我对盟军共同之信守。"

此后,即在国共两党谈判尚未进行之机,国民党中央政府便以"盟军办法"为由,单方面下达命令,以达到其抢占地盘,攫取抗战胜利果实的目的。1945 年 8 月 27 日,六区公署、保安司令公署向所属各县政府转发了"委座电令":"兹特派何总司令全权处理受降事,各战区应即停止对日军之攻击,一律听候何总司令电令……不得局部各别收缴日军武器,以免分歧冲突。……各战区为确保安全仍须有应部署准备,得视状况采取必要之自卫行动……"云云。

由于国民党三战区长官司令部远在屯溪,六区公署远在泾县,不能在第一时间抵达芜湖,这使得顾祝同等人非常着急。为了达到"抢地盘"的目的,抢先夺取芜湖这块"肥肉",于是他们一方面将原先盘踞南陵的汉奸部队——皖南独立方面军改变性质,成立挺进纵队,使之隶属三战区长官司令部,然后命令他们作为先遣军向芜湖市区推进。另一方面则是由芜湖县政府芜湖市办事处谢锦畴及六区视察专员王家琨出面与日军联络,并撑持伪保安大队抵抗,保证芜湖城区不被新四军攻克。

但此时的芜湖城区已是一片混乱,伪芜湖县政府机关的工作人员全部动摇,人心思逃。日军则将洋行里的存货全部低价出售,包括枪、马均对外出售,芜湖市民争购日军、汉奸抛售的存货,市面一片混乱,芜湖县政府将此情况上报六区公署。

芜湖县政府于 1945 年 7 月份开始派出大批人员进驻芜湖,8 月 15

日，县政府再次对派出人员提出要求，一是把握伪组织，宣抚民众；二是防制"奸匪"（对新四军的污称），安定地方。同时部署自卫队与国军第二挺进纵队所部取得联系，向芜湖市推进。在此之前，芜湖县国民兵团于8月13日下午7时到达马头沿河（应是河南码头口）一带驻扎，其中刘步云所率第一中队先是驻扎马头街民房，后调驻中心学校，沈连鹏第二中队驻马头沿河一带。据刘步云报告，他们已与当地驻军（疑是忠义救国军部队或苏支队）联系，并与位于南陵县三里店的第二挺进纵队取得了联系，他们准备先行进占南陵，再到芜湖。

芜湖县政府曾专门指示该府芜湖市办事处主任谢锦畴，要他及时掌握、控制本县境内伪保安队及伪警察部队，以便日后运用。县政府提出："（一）（伪保安队及伪警察部队）各就原地，防杜奸匪（对新四军的污称），保护民众，听候政府命令；（二）秘密考察干部能力与品德以及调查部队之纪律与作战力；（三）侦察市区街道地形及预为接收、保卫市区，防止奸匪（对新四军的污称）蠢动之处置；（四）注意下层社会群众之掌握；（五）调查奸匪（对新四军的污称）活动情形及其在市区内之潜伏分子。"对所有国民党地下活动人员要求注意以下提示："（一）宣抚民众，安定人心；（二）防制奸匪（对新四军的污称），维持秩序；（三）严禁寻仇报复；（四）严禁乘机敲诈。"

先遣军张定波部于8月21日开抵湾沚，在方村受到新四军的阻击，损失惨重。新四军领导的游击队亦在白沙、陶辛一带活动，迟滞先遣军推进的速度。芜湖县政府则随六区保安团第一大队向芜湖进发，于8月21日到达浦桥。此后随先遣军总部一道前行。27日经西河进驻东城外四里的唐茅村，9月12日进驻袁泽桥。

此时的芜湖县政府一方面关心究竟何时间由何部队来芜接防，处理受降事宜，另一方面担心，日伪这些物资一旦抛售完毕并被偷运出境，接收就将成为一句空话，想发国难财的目的就会落空。六区公署也电令芜湖县政府，"相机挺进芜湖，严禁民众购买敌人物资枪马，并将敌人售卖及毁坏物资枪马事实详查具报"。安徽省国民政府要求芜湖县政府于9月15日前报送的"敌人罪行和我军损失报告"，由于芜湖县政府尚未进入城区,无法开展工作,只好于9月16日报告:"惟查本县敌军尚未缴械,乡间奸匪(对新四军的污称)潜伏,环境特殊,不易调查。"

嗣后,芜湖县政府进入芜湖市区,接收日伪《芜湖新报》报馆、警察局,收编伪保安队后,立即派员前往和县与省政府派往芜湖、宣城的接收专员范任联系,请示接收办法并邀请他来芜湖会商处理办法。9月21日中午,省政府特派员范任与六区公署专员邓昊明乘火车抵达芜湖,芜湖光复后的接收工作正式开始。

随着芜湖县政府进驻芜湖城区,标志着芜湖的光复。国民党军委会别动军忠义救国军芜湖先遣总队于9月24日在芜湖西门十一号挂牌成立。该总队系由总指挥部于6月11日批准,任命章韬为上校总队长。芜当繁警备司令部和国军第五十二师于10月间相继进驻芜湖,承担芜湖防务。

芜湖县政府进驻芜湖后,一方面抓紧调查统计敌产逆产,与皖南党政接收委员会开展敌伪财产接收,另一方面依照上级的规定,并参酌地方实际,制定了《收复区工作纲要》,其内容为:

一、清查户口

1.依照《清查户口实施办法》,赶办清查户口及连保切结;

2.户口清查完竣后,即接办户口异动登记。

二、健全保甲组织

1.将所辖保甲各组织即行恢复,其已有组织应力图健全;

2.派员分赴各保召开保民大会,宣传日本投降经过、中央政府意旨及善后工作,以定人心。

三、安抚流亡

凡被敌国蹂躏破坏地区难民应先切实调查登记具报。

四、清理烟毒

1.凡被敌军压迫种植之烟苗,限各种植户立即自动铲除申报,暂不惩究。过期不铲除者,依法严办;

2.运售鸦片、红丸、吗啡商人及烟馆,应立即查禁具报。

五、调查敌军罪行

1.分政治、军事、经济、文化各种,将敌军在陷区一切罪行及残暴事迹详切调查具报凭转;

2.所有地方公家及人民生命财产损失详切具报凭转。

根据这一纲要,芜湖光复后的工作正常开展。据档案记载:范罗山保登记人口为386名,其中男213名、女173名;清河坊保登记人口为154名,其中男80名、女74名。县政府还制定了区署、乡镇公所、保办公处人员编制标准,其中确定各保正、副保长各一名,干事、保丁各一名,并确定了保界牌、保旗以及各甲手旗的式样。其余清除烟毒、调查敌军罪行及人民生命财产损失等各项工作都在开展中。

为了欢迎省主席李品仙的视察,芜湖县政府还在芜湖各地张贴由国民党第十战区长官司令部制定的二十五条标语,其内容为:"庆祝抗战胜利,贯彻建国主张"、"全国军民要珍重八年血战之光荣历史"等。

进入芜湖的国军五十二师奉命归建,仍恢复原二十八军建制。所遗留下来的芜湖、当涂防务由挺进二纵队接替。根据芜当繁警备司令部的安排,挺进二纵第四团于12月13日遵令接替芜湖、当涂防务。

档案资料

朱德总司令在延安总部发布限令敌伪缴械投降的命令

（资料来源：《新华日报》1945年8月10日）

收复地区标语二十五条

(资料来源:芜湖市档案馆旧政权档案0302-0101-0385卷)

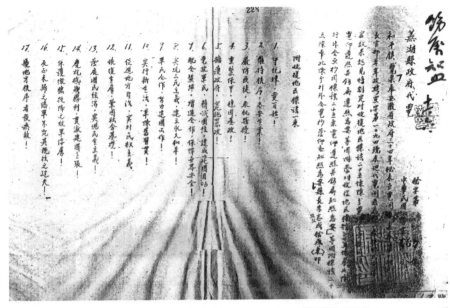

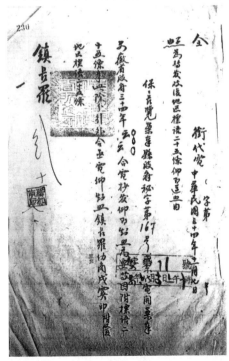

芜湖县收复区工作纲要

（资料来源：芜湖市档案馆旧政权档案 0302-0101-0385 卷）

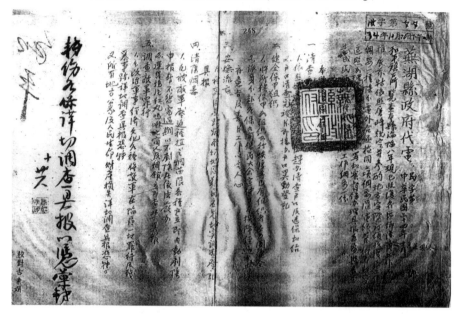

芜湖县政府迎接省府接收专员

（资料来源：芜湖市档案馆旧政权档案 0302-0201-0361 卷）

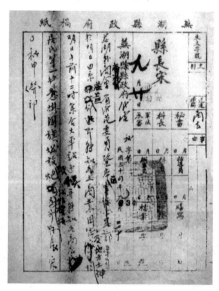

接收芜湖日本领事馆

1937年12月5日，日军飞机轰炸了芜湖江边码头、四明路、中山路一带，其中坐落在中山大马路148号（站前门牌）市民李光照等的民居亦遭轰炸。芜湖沦陷后，日本占领者在原址利用原房建筑材料重建，并在此设立"在芜湖大日本帝国领事馆"（简称日本领事馆）及警察派出所。据原房主李光照、许杨氏、宋翟氏介绍，该房占地四丈七尺三寸七分二（以市尺计算），原有五间二进四厢，后进有三层楼一栋，系民国二十四年（1935年）二月所建。

日军占领期间，日本领事馆后迁至狮子山下中马路1号，有房屋一所计八幢。原房转交信用组合（日语，金融组织）使用。抗战胜利后，由于芜当繁警备司令部于1945年10月间进入芜湖后暂住于此，日本领事馆遂迁至柳春园2号（系伪商会会长李慧龙私产）办公。芜湖县政府、皖南党政接收委员会的接收点交日本领事馆财产的工作就在柳春园2号进行。

一般来说，领事馆接受本国外交部门和所在国大使馆、总领事馆的双重领导，主要负责管理当地本国侨民和其他领事事务。但抗战时期的日本领事馆的事务显然不止如此。据《新华日报》援引"中央社"屯溪1943年2月18日电、"中央社"皖南某地3月27日电报道："敌自侵占以来，已死伤数百万，兵源缺乏，达于极点。故敌在沦陷区各地开始强征壮丁，规定每保一丁，限期交到，逾期惩处乡保长。敌近以每保一丁不敷使用，驻南京大使馆召开所属领事会议，再次向伪组织勒索壮丁两万名，并限期交齐。拟加以短暂训练后，即转运太平洋方面奴使。"由此可见，日本领事馆的职责任务远不止负责管理本国侨民和其他领事事务。

日本宣布投降后，日本领事馆一方面按照天皇之命，销毁了领事

165

馆全部文卷档案,企图掩盖其侵华罪行(包括上述强征壮丁的罪行);另一方面成立日本居留民善后委员会,编制移交清册(家物调书、备品调书)。其中日本领事馆的移交清册(家物调书、备品调书)的编制日期为昭和廿年十月廿日(1945年10月10日),由日本领事馆领事吉竹贞治监制。

1945年11月3日,芜湖县政府工作人员撒应乾、王裕禄及皖南党政接收委员会参谋主任曾葆初奉命接收日本领事馆。芜湖县政府、皖南党政接收委员会及日本方面在接收目录上签字。

引继(日语,工作、资料等的交接)场地就在柳春园2号。代表日方参加引继的负责人是日军第四十师团参谋长陆军大佐山本吉郎。代表中方接收日本领事馆财产的是安徽省芜湖县县长李志成,监收人是皖南党政接收委员会参谋主任曾葆初。

根据接收点交目录,狮子山房产由芜当繁警备司令部占用,日本领事馆拥有的一辆麾特克车被芜当繁警备司令部司令刘建伟借用。日本居留民善后委员会木泽清田借用自动车、自动货物车各一辆,各机关先行借用及日本居留民善后委员会商请暂借一部分家具什物外,其余家具什物均封存于该领事馆现住处。

信用组合提供的财产目录编制日期为昭和廿年十月十五日(1945年10月5日),财产目录监制人为信用组合负责人柴田喜三郎。日方和中方负责引继(接收)的人员与接收日本领事馆的人员组成相同。

信用组合房屋即前日本领事馆警察署中山路派出所,原有房屋均被宪兵第十五团三营九连所住,其财产照册点收后,由九连借用部分家具及生活用品。接收委员会曾商请该连腾出一间空房,以放置其余封存家具及生活用品。但该连以全连驻扎尚感不敷使用,无法让出空房为由,拒不腾出,以致所有封存家具及生活用品均堆放在露天院子里。

根据曾葆初的意见,由于原移交清册中多有日文,不易清点移交,遂建议由芜湖县政府另行编号封存,以便移交皖南救济总署。所以,同年12月5日,芜湖县政府委派科员姚涛会同六区专署参谋程瑞峰、救济分署主任李光普前往柳春园2号日本领事馆点交接收。谁知日本领事馆此时已被江南苏皖边区绥靖指挥部副官处擅自先行拆封进驻，并不让姚涛等人入内。后经数次交涉，于次日9时开始，由该处周副官陪同点交。由于原日本领事馆封存的家具已为副官处进驻时尽行拆封搬出，有的就放在露天，东西狼藉，极为凌乱。编存号码经搬动后均多模糊不清，难以查验。加以原接收目录所注什物夹有日文名称者，更无法照点。在迫不得已的情况下，芜湖县政府及六区专署、救济分署相关人员乃经会商后，决定先将什物等先行搬入室内，然后重新逐一登记列册，再行点交。根据此次登记点交的情况来看，原先登记点交册上所载的家具什物、生活用品，与原先日本领事馆、信用组合等编制的"调书"（接收目录），出现了短少现象，但是由于前后登记点交的家具什物、生活用品名称不统一，故亦难以统计。所以，除了前面所提到的警备司令部、宪兵九连以及日本居留民善后委员会借用的各种汽车、家具什物及生活用品等有据存查不方便登记点交外，其余现存于日本领事馆家具什物全部均于六、七两日登记点交结束。

1946年1月，安徽省政府即下令，要求各地在接收各地使领馆时，要注意接收各馆档案资料，予以妥善保管，并将目录抄送上报。芜湖县政府接到这一通知后，于3月9日据实报告情况"查本县日本领事馆档案资料等件，前据该馆领事吉竹贞治称，业于日本宣布投降后，奉令全部焚毁，并出具证明书一纸前来。"但安徽省政府又于3月、5月两次追问，芜湖县政府再次详查后，回复省政府"日本领事馆档案，据查系该馆日领事当日本向我国投降时，即奉日本天皇命令焚毁。至（于）该天皇原命令，因本县日俘业遭回国，无法查缴。"

档案资料

在芜湖日本领事馆接收目录

（资料来源：芜湖市档案馆旧政权档案 0302-0201-0173 卷）

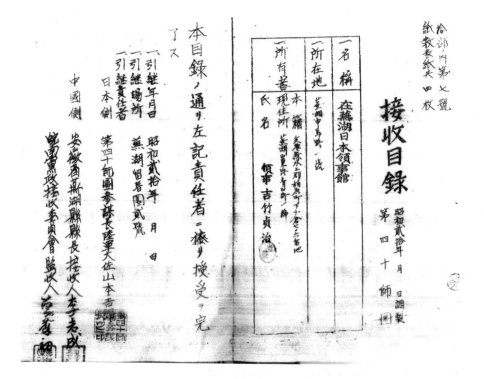

168

胜利篇

芜湖日本领事馆警察署中山路派出所接收目录

（资料来源：芜湖市档案馆旧政权档案0302-0201-0173卷）

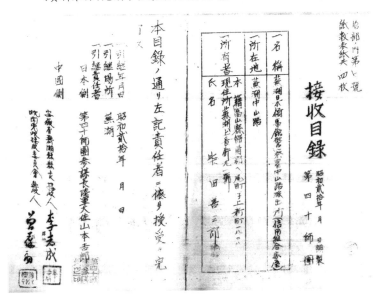

日军第四十师团接收目录

（资料来源：芜湖市档案馆旧政权档案0302-0201-0173卷）

芜湖遣送日俘日侨

　　1945年8月15日，日本宣布投降以来，中国政府以德报怨，同意日方成立日本官兵善后联络部和日本居留民善后委员会，承担收容、遣返日本军人和侨民的任务。

　　为做好遣返工作，1946年1月5日在上海召开了中美联合遣送日俘日侨会议，商定遣返的具体事项，确定上海等12个港口为"结束之港口"。会议要求，各地要设立集中营，集中所在地的日俘日侨，按规定路线送往"结束之港口"，以便遣返回国。到集中营的日俘日侨（主要是日侨），有的是自愿前往，但有一部分日本人不愿遣返回国，因此不到相关部门报到。他们以各种理由滞留中国，中国军民对他们恨之入骨，于是就向有关部门举报，抓住他们送往集中营。日本人苛川荣藏就是被驻扎在芜湖的江南苏皖边区绥靖指挥部抓获并于1945年12月31日移送日侨涉外部，但由于该部早经撤销，因此在芜湖县政府军法看守所短暂羁押后，于1946年1月5日转交南京日人集中营。

　　根据美国将军魏德迈的建议，中国有关方面从日俘日侨中遴选了一批技术员工。魏德迈的建议是，遴选留用的日籍人员，主要是中国工业和公用事业缺少的专业技术人员，他们不能承担上层管理任务，无从继续控制此项事业。在此基础上，中国政府有关方面又提出了三项补充规定：（一）本国工业遇有雇佣日籍技术员工必要时，将遴选优秀人士暂为雇佣；（二）雇佣日籍技术员工，应受中国职员之指挥监督；（三）遇有一部分交由日本技术人员暂为管理时，必须要加派中国职员妥为监视，并选派中国职员接管。

　　根据这一原则，新成立的芜湖保生院拟遴选留用日本医师丰岛正忠、真田忠雄、蓧佳枝、前田妇佑子等人；芜湖县农林场拟聘用日本技工田中谷松、里中森一、木藤武夫、田中初太郎、藤野丰信等人；芜湖市政处也多次电询要求征用日籍日本医师、技术员工。但日本商人田中显然不符合这一原则,于是他只好向县政府呈文,言其于民国三十二年(1943年)来华经商,自日本投降后暂留芜湖。1946年4月被裁撤后赋闲在家,家居生活无着,请县政府将其送往南京集中营,以便遣返回国。

1946年5月23日,安徽省政府电令芜湖,鉴于"中国境内各地日俘日侨均将次第遣送完毕,惟仍有少数单位强制留用日籍技术员工,以致影响遣送预定之计划,殊有未合。"因此,省政府再次规定"所有强制征用及经核准限期遣返之日籍员工,统限五月底以前解送之,一律予以集中送至某结束之港口,待遣回日。"紧接着,国民政府陆军总部再次电令,鉴于遣送日俘、日侨回国海运力量已渐增大,特作如下规定:"(一)各地军政机关、工厂及部队征用人员之志愿之日本技术人员,凡未经陆军总部核准、有案者应即送交就近集中营准备遣送;(二)各地区日本联络部人员应列入最后一批运输时遣送返国。"芜湖县政府接到省政府转发的陆军总部电令通知后,立即行文各单位,要求县农林场、县立卫生院、城区署及乡镇公所将所有日俘、日侨次第遣送出境,各单位强制留用或私自留用日籍技术人员统限5月底前予以清理集中遣返。

芜湖保生院虽竭力争取,多次向县政府呈文,申诉"留用聘用人员符合三项原则"的理由,但县政府根据陆军总部和省政府的规定,予以驳回,所有日籍医师、技术员工均于规定时间遣返回国。

同样,根据陆军总部的命令,由江西各县所收留的日俘共计二十三名,按规定递解遣返回国。江西省政府主席兼省保安司令为此专电安徽省政府主席兼省保安司令,协调该批战俘自江西省转押至安徽省再转上海战犯管理处收容征遣返国有关事宜。在安徽省境内,该批战俘将依次在怀宁、芜湖、当涂短期羁押。

1946年11月22日,芜湖县政府军法看守所接到了怀宁县政府的解批以及从怀宁县转来的田中兴太郎等二十三名日本战俘,并将他们押送看守所关押。

递解日俘名册

姓名	性别	年龄	籍贯	备注
田中兴太郎	男	26	日本	
北冈雪雄	男	37	熊本县	
榎本大郎	男	25	东京都	
大久保勇	男	27	山口县	
平山惟吉	男	35	东京都	
本田耕	男	23	大阪县	即李古明
安斋	男	28	福岛县	
新来	男	24	新潟县	
松尾一见	男	23	鹿儿岛	
鬼塚胁操	男	23	同	
小仓二郎	男	25	同	
立和名有	男	25	同	
深谷忠义	男	24	福岛县	
伊藤义纪	男			
坂下政治	男			
三部敏男	男			
岛垣健次郎	男			
小野荣	男			
谷照治	男			
思田宏	男			
长谷铁夫	男			
神田政雄	男			
田中	男	24	鹿县	

在接收日俘的当天,芜湖县政府随即向当涂县政府发出解批代电,请当涂县政府做好接收羁押准备。在芜湖短暂停留之后,芜湖县政府于1946年11月26日派员押送田中兴太郎等二十三名战俘前往当涂县,但到了当涂县之后,并未顺利完成押送任务。因为当涂县政府以"递解人犯办法废止"为由,拒绝接收,押送警员只好将日俘带回芜湖,继续在看守所看押。

日俘回到芜湖看守所,对看守所是无形的压力,除了警卫任务加重之外,日俘在芜湖的生活费支出也是一个问题,据看守所统计1946年11月22日至30日,人均支出膳食代金1800元(据资料显示,北京1946年11月份的中等小站米米价为114500元/100斤,折合1145元/斤),9天23人合计为41400元,囚粮一市石七斗二升五(折合172.5市斤),约合每人每日八两。后又由于该批日俘滞留芜湖至12月4日,其间又要增加膳食代金,支给囚粮,无形中增加了芜湖县政府的财政负担。

对于这块烫手的山芋,无论是看守所所长张永柏,还是县长许汉三都感到十分头痛,于是县长许汉三只好又于12月2日再次以"弟"的私人名义给时任当涂县长的"牧野县长吾兄"写信,并以"转解日俘系奉省保安司令部专电办理,自与普通递解案件不同"为由,"兹以职责攸关,特再饬警赍文押解贵府,至希转嘱承办人员予以验收转解",以此请求当涂县政府收转。如此"以情感人,以理服人",得到了当涂县政府的首肯。同年12月4日,芜湖县政府再次派出警员押送日俘去当涂,终将这批应遣返的日俘送出了芜湖。

档案资料

递解田中兴太郎等二十三名日俘报告

（资料来源：芜湖市档案馆旧政权档案 0302-0101-0248 卷）

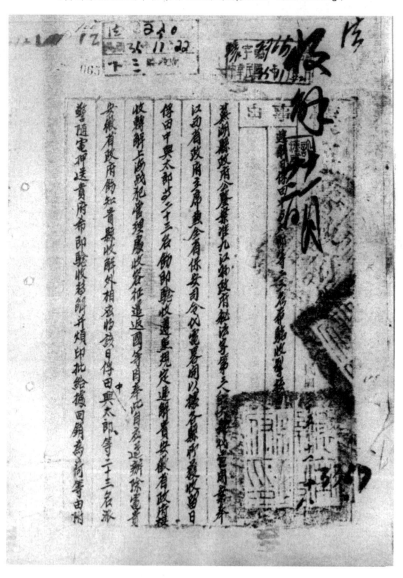

田中兴太郎等二十三名日俘名册

（资料来源：芜湖市档案馆旧政权档案0302-0101-0248卷）

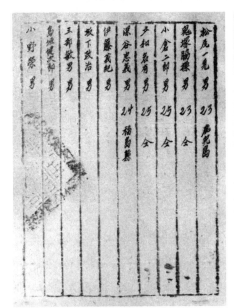

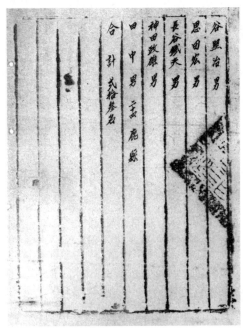

芜湖的敌伪档案都到哪里去了

因为档案作为历史的原始记录,较之于一般的报刊资料、著作和回忆录,可以忠实地还原历史本来面貌。然而,目前可资研究的抗战时期敌伪档案馆藏却是少之又少,尤其是可资研究地方抗战历史的档案更是凤毛麟角。那么这些档案都到哪里去了? 具体到芜湖,那么芜湖的敌伪档案都到哪里去了呢?

有资料表明,日本侵略者在宣布投降后的第一时间内,销毁了大量档案。1945 年 8 月 14 日,日本政府正式照会中、美、英、苏四国政府,表示接受波茨坦公告;8 月 15 日,日本公开宣布无条件投降。但此时的日本侵略军为了掩盖其侵华战争期间犯下的滔天罪行,妄图逃避应得的惩罚尤其是逃避历史的审判,日本天皇、军部下达命令,要求销毁一切犯罪痕迹。据国家档案局披露的日本战犯罪状供述中的第二名战犯、1945 年 8 月在朝鲜被俘的原日军第 43 军第 59 师团中将师团长藤田茂在供述战争罪行时交待:"(1945 年)8 月 17 日,召集各大队长命令如左:销毁各种文件(消灭日本帝国主义的罪行,尤其是湮灭对共产党弹压的证据);"《新华日报》华中通讯:"南京敌寇妄想逃避应得的惩罚,曾大举掩毁犯罪痕迹。(1945 年 8 月)18、19 两日,南京敌军营区烟火冲天,烧毁各种文件的灰烬漫天飞扬。"芜湖日本领事馆领事吉竹贞治也交待,奉日本天皇之命,本馆档案全部焚毁。至于日本天皇关于焚烧档案的电令,被遣返回国的日侨带回日本。好一似"白茫茫大地真干净"。然而,日本侵华战争期间,在中国乃至东南亚各国犯下的罪行是抹杀不掉的。他们焚毁档案的行径只能是在他们的罪行簿上再增加一笔。

日本侵略者的档案虽然大多数毁于一旦,但紧紧追随日本侵略者的汪伪政府的档案,也是证明日本侵略者罪行的重要依据,那么这一部分档案情况怎么样呢？

据国民政府安徽省文献委员会采集部郝敬礼1948年1月报告：芜湖县存有前伪政府大批文卷。芜湖县政府亦有"连楹充栋"、"卷帙浩繁"之说。根据省政府电令，该批档案对于芜湖县政府"已无实用价值，唯对编纂敌伪史料，取资必多"，因此要求芜湖县政府将这批档案"移交本会（安徽省文献委员会）保存备用。"

但芜湖县政府"自复员以还，人事调动频繁，全部文卷向少整理，以致此交彼接仅由管卷人员出具保管切结，归档备查，历任相沿，莫不皆然。"由于该批档案接收、整理、保管方面都存在诸多问题，相互扯皮，省政府再三电令、严令，甚至指名道姓批评也无济于事，移交工作一拖再拖直至1948年底尚未完成。然而，随着解放战争步伐的加快，蒋家王朝感到风声鹤唳，形势紧张，芜湖县政府亦然。芜湖县政府在给安徽省第六区行政督察专员公署（简称"六区公署"）中称："迩来形势日趋紧张，一旦奉令疏散，则卷帙浩繁，无关重要之文卷一并移转，徒耗民力，亟应予以清理，分别存毁，以利应变。"县政府秘书王永本、管卷员唐茂林根据"清理所有文卷签呈，核定存毁，以清档案"的要求，调齐全部现有全部文卷目录，详加核阅，才勉强出具了清理报告。

报告称："自廿六抗战以前历任文卷于芜埠沦陷时，多已不存。"现有文卷可分为三类：一为沦陷时期伪县政府暨伪教育局、伪民众教育馆之历任文卷；二为战时游击区县政府、办事处时代之历任文卷；三为胜利后历任文卷。

担任清理工作的王永本在报告中称：上列各类文卷中，除第三类"胜利后历任文卷"，多与现行法令有关，应予保存。第二类中，"战时游击区县政府、办事处时代之文卷"有关地方文献部分与汉奸、奸匪（对共产党、新四军的污蔑之词）等案件，"容或有待查考，似应暂予保留"。第二类中其他部分及第一类"伪县政府暨伪教育局、伪民众教育馆之历任文卷"，多无保留价值，连楹充栋，徒饱蠹鱼，拟予焚毁。

王永本等出具的报告是1948年12月23日，县政府于1949年1月

20日,呈报六区公署,要求派员前来监视焚毁档案文卷事。六区公署于1月27日转报安徽省政府,请予核示。安徽省政府予以批准,六区公署旋于3月9日向芜湖县政府转达省政府批文意见,芜湖县政府遂定于4月8日下午2时"焚毁敌伪时期文卷"。六区公署派科员凤清寿前来监销。随着一阵火光一股烟,所有敌伪档案灰飞烟灭。在蒋家王朝行将崩溃的前夜,敌伪在芜湖的档案文献也随之荡然无存。

档案资料

日本领事馆销毁档案一案调查

（资料来源：芜湖市档案馆旧政权档案 0302-0201-0173 卷）

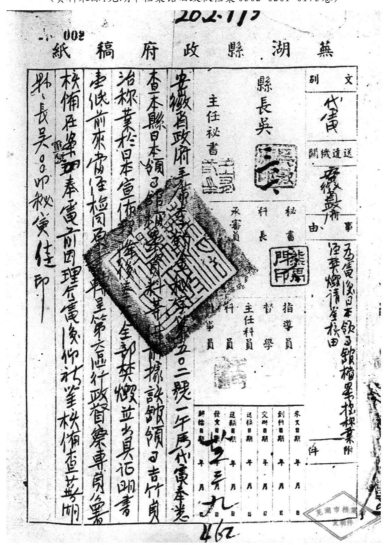

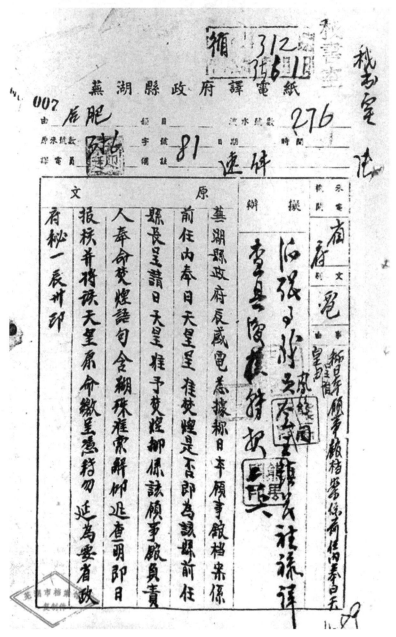

胜利篇

日寇妄想逃脱惩罚，南京敌消灭犯罪痕迹

（资料来源：《新华日报》1945年8月20日）

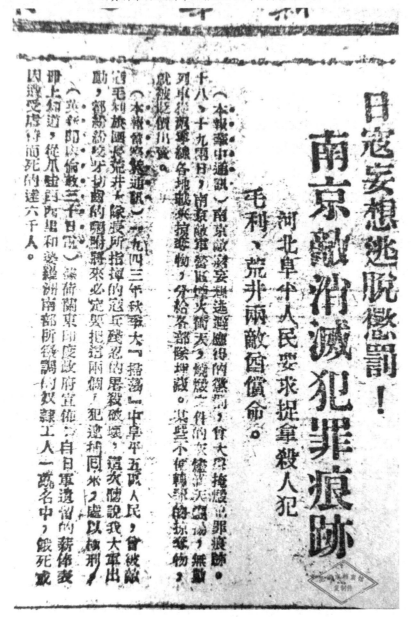

"九三纪念日"的由来及芜湖抗战胜利初期纪念活动

2014年2月27日，十二届全国人大常委会第七次会议通过决定，将9月3日确定为中国人民抗日战争胜利纪念日，这一决定是首次从立法层面把抗战胜利纪念日上升为国家意志，并在每年的9月3日举行国家纪念活动。70年前，中国人民经过艰苦卓绝的浴血奋战，打败了日本侵略者，宣告了日本军国主义的彻底失败，迎来了抗日战争和世界反法西斯战争的伟大胜利。

多年来，中国很多地区纪念抗日战争的时间并不统一，比如沈阳市在9月18日汽笛长鸣，纪念1931年发生的"九一八事变"，这是日本侵略中国的开始；北京市每年7月7日警钟长响，因为1937年"七七"卢沟桥事变爆发，意味着中日战争的全面打响；12月13日，南京在全市拉响警报，缘于1937年12月13日南京沦陷，30万同胞惨遭日军杀戮；8月15日，香港地区举行纪念活动，因为1945年8月15日，日本宣布无条件投降，以此作为光复日，来纪念抗战胜利。但这些都是地方性而不是全国性的纪念活动。说起抗战胜利日，人们首先想到的是8月15日日本宣布无条件投降，为什么要定在9月3日为抗日战争胜利纪念日，这其中的原因又是什么？让我们把记忆倒回至70年前，让历史来告诉我们答案。

1945年7月26日，发表了《中美英三国促令日本投降之波茨坦公告》，简称《波茨坦公告》或《波茨坦宣言》，8月8日，苏联对日宣战后加入该公告，这是中美英苏对日本发出的最后通牒，其中最重要的一条就是日本政府应立即宣布所有武装部队无条件投降。8月9日，日本裕仁天皇决定接受《波茨坦公告》，即日本无条件投降，并开始起草终战诏书。8月14日，日本裕仁天皇宣读并录音好终战诏书，落款时间为昭和二十年(1945年)8月14日。第二天即8月15日12时，裕仁天皇通过广播向全日本国民宣布日本无条件投降。当时中美英苏四国政府磋商约定,于1945年8月15日早晨7时正(重庆时间),在四国首都重庆、华盛顿、伦敦、莫斯科,分别用华语、英语、俄语,向战场敌我双方海陆空军队,向世界各国,通过无线电广播,播发内容一致的公告:日本政府已正式宣布无条件投降。

杜鲁门总统于8月14日下午7时(重庆时间15日上午7时)举行记者招待会,发布日本政府的复文。据称"复文是在重庆、华盛顿、伦敦、莫斯科四地同时发表的,复文是完全接受波茨坦公告,也就是日本的无条件投降。复文中并没有附带条件,现正准备尽速签订投降书。麦克阿瑟将军已被任命为盟军最高统帅,以接受日本的投降。英苏中都将遣派高级将领参加,同时盟国各武装部队已奉命停止采取进攻行动,等到正式签订投降书,就要宣布对日胜利日。"也就是说8月15日,是日本正式宣布无条件投降,但它并没有在法律上履行完所有程序,也没有进行受降仪式,所以这一天只是宣告战争暂时结束。

在宣布投降以后,各个方面都敦促日本应该在法律层面上完成受降仪式,所以日本政府在巨大压力之下,决定在9月2日,宣布向盟军投降。代表盟军接受日本投降的是亚洲太平洋战区盟军总司令麦克阿瑟,中国代表为当时国民政府的军令部部长徐永昌。这次日本受降的地点不在日本的领土上,而在它的领海日本东京湾附近,受降仪式在密苏里号军舰上举行,时间定在9月2日早晨9点2分开始。参加受降仪式的日本政府代表是外相重光葵,日本军方代表是陆军参谋总长梅津美治郎。

据民国三十一年(1945年)九月三日《新华日报》的记载:

> 日本降书已于九月二日上午十时三十分在美舰米苏里号签字。降书要点如下:一、我们奉政府和帝国大本营之命,并代表他们,接受波茨坦宣言中的各条款。二、我们向诸盟国宣布日帝国大本营所有军队和不论何地受日本节制的所有武装部队的无条件投降。三、我们命令所有日军和日本人民停止敌对行动,和保持所有

船只、飞机、军用和民用财产,并避免其损失,服从盟国最高统帅可能提出的一切要求,或日政府各机关在盟国统帅指示下所提出的一切要求。四、我们命令日本大本营,立即通令所有日军司令和不论何地受日本节制的所有军队的司令无条件投降,并命令他们所管辖的部队一律投降。五、我们命令所有民政官和陆军、海军军官遵守和实施盟国最高统帅认为使此次投降生效所应有的一切公告、命令和指示。我们指示所有这些官员,保留他们的职位,继续他们的非战斗的任务;但由盟国最高统帅或在其命令下,特别解除职务的例外。六、我们负责为日本政府及其继承者,矢忠实施波茨坦规定,并发布盟国最高统帅或任何其他盟国指定的代表为使波茨坦宣言生效起见所需的任何命令,和采取他们为达到上项目的起见所需的任何行动。七、我们命令日帝国政府和帝国大本营,立即解放现在日本管制下的所有盟国战俘和盟国拘留民,给予他们以保护照顾和给养,并即移送他们前往指定的地点。八、天皇和日本政府统治国家的权力,应受制于盟国最高统帅,而统帅将采取其认为实施这些投降条件所应有的步骤。

同时,当天的《新华日报》还刊登了毛泽东的亲笔题词:"庆祝抗日胜利,中华民族解放万岁!"至此,才真正从法律意义上确定了日本投降,同时也标志着第二次世界大战彻底结束,世界反法西斯战争取得胜利。1945年9月3日,当正式消息发布后,举国欢腾。国民政府宣布全国放假一日,举国悬旗庆祝,纪念活动持续了3天。

此后,在中国国内举行的受降仪式,也陆续展开。1945年9月9日上午9点,中国战区侵华日军投降签字仪式在南京原中央军校大礼堂举行,接受受降仪式的中方代表是国民政府陆军司令长官何应钦,日本参加受降仪式的是侵华日军总司令冈村宁次以及参谋长小林浅三郎。冈村宁次代表侵华日军在投降书签字,由小林浅三郎向何应钦呈递降书,从而结束自1894年甲午战争以来长达半世纪的日本侵华历史,留下永恒的一幕,现场响起热烈的欢呼声。

据民国三十五年(1946年)二月安徽省政府训令《转令规定三十四

年九月三日为战事结束日期》中记载："国民政府令规定,民国三十四年(1945年)九月三日,盟国在东京受降之日为战事结束日期,转令知照,并饬属知照。"1946年7月5日,国民党安徽省芜湖县执行委员会奉中央执委会的电文记载："现抗战已获胜利,九月三日为敌人签订降书之日,应定为国定纪念,同时致祭忠烈及安抚遗属"。

1949年新中国成立后,一度将8月15日作为抗战胜利纪念日,但在1951年8月13日,中央人民政府政务院重新发布了抗日战争胜利纪念日的通告,其全文如下:"本院在1949年12月23日所公布的统一全国年节和纪念日放假办法中,曾以8月15日为抗日战争胜利日。查日本实行投降,系在1945年9月2日日本政府签字于投降条约以后。故抗日战争胜利纪念日应改定为9月3日。"至此,9月3日被重新确定为"抗战胜利纪念日"。

当胜利的消息传至芜湖,人们无不欢欣鼓舞。自1937年12月10日芜湖沦陷后,芜湖人民就一直生活在日军刺刀和铁蹄之下,遭受了巨大的生命和财产损失。经过八年艰苦卓绝的长期奋战,终于迎来胜利的喜悦。但此时的芜湖,民生凋零,百废待兴。据1946年《芜湖商业概况》记载:"芜湖在战前,商场地位不仅居本省之冠,且号称全国四大米市之一,本市交通四达,商场繁荣,米业盛兴。遭八载沦陷,商业精华剥夺殆尽,捐税负担重重,米市一蹶不振,百业愈趋愈下,益以通货膨胀,币值低落,日消月耗,元气愈亏"。

1945年,一方面由于时间关系,另一方面战后重建工作繁重,芜湖没有举行单独的纪念活动,而是将胜利日与国庆日(当时国民政府国庆日为10月10日)合并庆祝。据当时活动筹备会议记录记载:"自国庆日起庆祝三天,于中山纪念堂放映抗战片,同时登报公告各界参加大会"。1946年,地方经济逐步恢复,民生逐步安定。在抗战胜利一周年到来之际,芜湖人民举行了一系列纪念活动。1946年7月7日,芜湖举行各界纪念抗战死难军民追悼大会,规定7月7日"停止娱乐、宴会,施放警报,下半旗,全市人民就原地静默一分钟"。8月15日,为日寇宣布投降日,芜湖举行纪念"八一五"盟军胜利劳军大会,动员民众、团体举行慰劳。各界欢宴当地国军、盟军,并规定"各娱乐场所免费招待国军、盟军"。9月3日,纪念活动达到高潮。为做好相关筹备工作,当时的芜湖县政府共召开了三次会议,讨论活动事宜。纪念会议名称定为"芜湖各界庆祝九三胜利周年纪念大会",设立总务、宣传、警卫三组,总务组由县政府、县商会、县总工会担任,宣传组由青年团、县党部、市党部担任,警卫组由警察局、宪兵队担任,并设有总指挥、司仪等职。具体事项规定如下:"一、各机关、团体及商店、住户一律悬旌结彩;二、纪念大会时间订于九月三日上午九时,地址定于中山纪念堂。市区各镇保甲长,各机关团体职员,各学校教职员一律参加;三、各报是日一律发行纪念特刊,文稿及题词由县党部负责征集,于九月一日前送各报社刊登;四、是日各娱乐场所一律开放,免费招待国军及公职人员;五、各教堂暨设有警报器等,由警察局负责通知,于是日中午十二时,鸣钟或施放警报,时长三分钟;六、各机关、团体、学校张贴统一的纪念标语。"由此可以想象当时的隆重景象。此后的1947年、1948年芜湖均在9月3日举行了相关纪念活动。

如今,通过立法的形式确立9月3日为中国人民抗日战争胜利纪念日,海峡两岸共同纪念这个用鲜血凝成的日子,不仅是要记录这段历史,也是对日本右翼势力肆意涂抹历史的回击。前事不忘,后事之师,历史记录了过去,同样昭示着未来,不忘战争,才能更加珍爱和平。

胜利篇

—— 档案资料 ——

日本政府无条件投降接受波茨坦宣言向中美英苏投降

（资料来源：《新华日报》1945年8月11日）

中美英苏四国同时公布日本实行投降

（资料来源：《新华日报》1945年8月16日）

188

反法西斯战争胜利结束，日本昨日签订降书

（资料来源：《新华日报》1945年9月3日）

毛泽东题词：庆祝抗日胜利，中华民族解放万岁

（资料来源：《新华日报》1945年8月16日）

胜利篇

为抗战胜利告全国役政人员

（资料来源：芜湖市档案馆旧政权档案 0302-0101-0285卷）

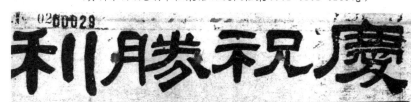

0260029

慶祝勝利

為抗戰勝利告全國役政人員

親愛的全國役政工作同志們：

由於八年奮鬥我國軍民苦鬥，達此燦爛偉大的勝利之今日，在此慶祝勝利之今日，永以和平之覓矣，在此謹向全國軍民諸君同人告。

（一）我國自民國二十五年七月七日，由盧溝橋事件而全面抗戰，雖有九載，但以令保初行，且在戰爭進行中倉皇無敵之結果，最忠勇將七血汗之結晶是人類正義之偉業，一逝世界永存和平之覓矣。

（二）際值我們慶祝勝利之今日...

（三）現在抗戰已勝利結束...

部長 張鏡蘅

以期早日達成使命，本部長與全國役政工作人員共勉之。

国民政府关于"九三"为国定纪念日的电文

(资料来源：芜湖市档案馆旧政权档案 0302-0101-0540卷)

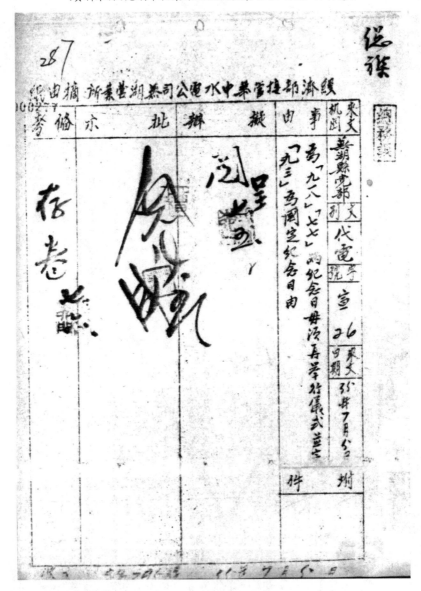

芜湖中山纪念堂举行庆祝"九三"胜利纪念大会的通知

（资料来源：芜湖市档案馆旧政权档案 0302-0101-0405 卷）

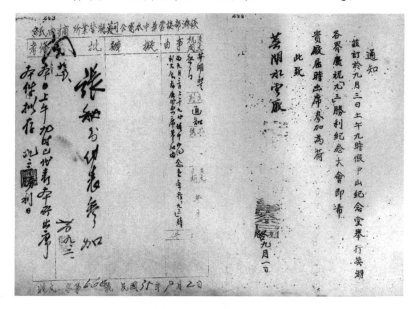

芜湖县政府关于召开"九三"胜利纪念大会筹备会会议记录

（资料来源：芜湖市档案馆旧政权档案 0302-0101-0426 卷）

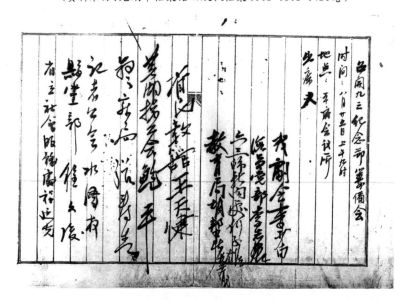

附　录

芜湖沦陷初期的战斗

（《新华日报》1938年摘选）

芜湖荻港间，我空军轰炸伟绩

击沉敌舰一，伤敌舰四；击坏敌机三，伤敌机五

（中央社安庆十四日电）荻港电：我空军连日在芜湖荻港等地轰炸敌机敌舰，据确实调查，其成绩约如下：一、炸沉敌舰一艘，为油吉号；伤四艘。二、芜湖机场停敌机五十余架，我机三架飞往投弹，炸毁敌机三架，伤五架。（按）我空军于本月三日及七日两次轰炸芜湖敌机场。十一日敌舰驶荻港，攻我阵地，又被我空军轰击，其消息已于当日报告，此系事后调查敌方损失之情况。

——原载《新华日报》1938年1月16日

芜湖敌军增援，大官山发生争夺战

（中央社青阳廿八日电）我反攻芜湖部队，现仍扼守竹丝港、石硊镇、高岗镇、三山镇（芜湖澛港间）之线，我军向敌反攻后，曾一度进至距芜湖数里之大官山，嗣敌以大官山有关芜湖之得失，乃以冈本兵团积极向该方面增援，兵力达万余之众。我敌乃于大官山发生争夺战。我得而复失者数次，是役敌伤亡遍野，而我亦有重大牺牲。廿五日我军仍回守石硊镇、高岗镇、三山镇原阵地，一面则据有竹丝港，我军沿河扼守，与敌对峙。湾沚自我军冲入与敌巷战后，湾沚市街已成一片瓦砾场。敌在镇内已无法立足。我退守镇外山斗山、母老虎山一带阵地布防。

（本报廿八日安庆电）繁昌讯：敌约两师团驻芜，炮近千门，铁板船数十艘，敌将福田驻凤凰山，似有前进企图。刻我军仍在澛港河北

197

岸,与敌对峙。

(中央社徽州廿八日电)据前方探讯,廿六日有敌坦克车卅余辆、汽车廿余辆、步兵六百余,自湾沚开往宣城,增援宣城城内敌军。

——原载《新华日报》1938年1月29日

芜湖附近敌伤亡惨重,白马山、徐家山一带激战经过

(中央社青阳一日电)我某军自在湾沚澄港间及澄港湖口间布防以来,瞬有月余。上月初旬芜湖敌军曾一度来犯,当被我某师击退。随后前线即趋沉寂。自十六日起,我军开始向当面之敌进攻,分道出石硊镇、奎潭镇渡河攻击。连日进攻部队,进展甚顺利,先后进至竹丝港、麻布桥、火龙岗、徐家山、白马山、卡子口、大官山等处,大官山距芜湖西南八华里,已进抵芜郊。只以芜湖附近沼泽纵横、道路阻塞,而敌又顽强抵抗,并由后方增调大队反攻。自廿三日起,我进攻部队与敌在大官山、卡子口一带演成争夺恶战,双方伤亡颇众。廿五日拂晓,敌先以大炮数十门、兵舰十余艘、飞机廿余架,协力猛攻我白马山、徐家山岗、火龙一线阵地。上午八时许,敌更以步骑兵数千人在大炮、飞机、兵舰剧烈火力充分掩护之下,分途向我大举反攻,右翼火龙岗、徐家山阵地,以当铁路正面,为敌主力所在,先受敌猛烈之攻击;左翼白马山阵地,距江岸较近,受兵舰威胁,复以汽艇载兵向我两翼抄袭。当经我军反复向敌冲击,肉搏七八次,激战至晚,终因官兵伤亡过重,阵地工事全被炮毁,无法立足,不得已仍回原阵地扼守。近数日,敌迭以小部犯我竹丝港、石硊镇阵地,均经我守兵击退,是役敌伤亡颇重。据芜湖逃出难民谈,芜湖市街满布伤兵,连日运输(颇)为忙碌。

(中央社六安二日电)大江以南皖境,近来除在芜湖与繁昌之间有阵地战发生外,其他各地,多为游击战。造成此种战局,完全为使敌之进展不得自如之故。盖敌最近在皖用兵,竟在打通津浦路,是以其所采战略,为南守北攻。故我于皖南一带,乃所以以动制静之战略,使其北进部队不得深入、南守部队无法坚持,我发动此种战略后,敌

因受威胁,故于芜湖方面,常遣重兵偷由竹丝港向我卡子口阵地猛攻,并在白马山顶架炮数门,遥击石硊镇。现我与敌隔河对峙中,此系敌之防御攻击之作用。

——原载《新华日报》1938年2月3日

芜湖战事顺利,竹丝港车站被我占领

(中央社青阳八日电)七日,我军继续向芜湖正面敌军攻击,甚为得手。据昨深夜前方电话,芜湖以南三十华里之竹丝港正面我军,六日与敌终日激战,至七日午已收复芜宣铁路重要据点竹丝港车站。至正面右翼湾沚方面,我军七日亦向敌猛烈攻击,当即收复湾沚左前方约二十五华里之方村镇。敌即调集大队,向我阵地反攻,双方发生剧战,我军予敌以重大创伤,但我军亦有壮烈牺牲。八日将续向盘踞芜湖方面全线之敌,大举进攻。

(本报安庆八日专电)闻我军进攻芜湖颇顺利,左翼占领清水河,右翼已据方村,中路正沿公路进攻。留守芜湖之敌仅千余人,曾一度经我空军轰炸,损失颇大,故敌极为恐慌,并传我军有克复芜湖说。

(中央社六安八日电)芜湖附近,七日整日枪声甚烈,盖我反攻部队,业已抵达该处与敌发生激战。并闻弋矶山(离芜仅十余华里)附近,敌汽油库被我纵火燃烧,熊熊火光,隔河可睹。又芜湖近郊飞机场,亦被我克复。我反攻部队,现正乘胜挺进中。

——原载《新华日报》1938年2月9日

我空军飞芜建功,我炸毁敌机六架,敌退却部队被我机枪扫射

(中央社屯溪九日电)我空军一队,九日晨飞往芜湖飞机场,炸毁停留该场之敌机六架,并在场附近,发现正向东北退却之敌陆军部队,经我空军以机枪勇猛扫射,敌兵不及走避,死伤多名。

——原载《新华日报》1938年2月10日

东线我猛攻大弓山，距芜湖仅八里，湾沚亦在激战
我机飞炸芜湖，敌军心极动摇

（本报安庆十日专电）我军正猛攻距芜湖八里之大弓山，该地敌工事极坚固，为克复芜湖必先占领之重要据点，故敌我两军连日仍在该地继续血战。我机五架，今晨飞往芜湖轰炸，敌军心极动摇。宣城之敌，向湾沚方面增援，湾沚现正在激战中。

（中央社铜陵十日电）我军克复湾沚芜湖间重点之方村镇后，敌自芜湖增加兵力，企图由方村镇对岸之张家花园向我反攻，我方将士于九日晚实行强力渡河。该河河面宽至二百公尺，我军首先渡过敢死队百余人，继复在机枪掩护下渡过五六百人，与敌激战，肉搏一小时余，敌不支退出张家花园，分向西北之何家埂及李家桥退去。是役毙敌二百余名，并击毙敌中队长一人，搜得日记一本，知敌为第六师团第卅二联队，并附炮兵一连，我方伤亡亦有百名左右。

（中央社六安十日电）我反攻芜湖部队，曾一度冲入芜湖附近，九日又退回。湾沚尚在敌手中。另息，敌在芜湖原有一万六七千人，兹以我余杭一带反攻顺利，敌为固守南京起见，已由芜湖开回南京一万余人。

——原载《新华日报》1938年2月11日

芜湖近郊血战，我军克复白马山

（中央社铜陵十一日电）坚守白马山之部队，十日晚因敌反攻，曾发生一度剧战，我军预有准备。当敌由山后袭来时，居高临下，齐以手榴弹及机枪猛烈射击，敌反攻部队卒被击退，我军乘胜扫荡，将敌山背阵地冲破，占领白马山全面。按，白马山阵地于九日晚被敌摧毁，我军乃退守山麓，兹该山全面已被我军克复。该山与大官山平行，可俯瞰芜湖全市，亦军事上一据点也。

——原载《新华日报》1938年2月12日

江南血战告捷,湾沚镇已被我攻下,白马山敌反攻我守山麓阵地

(中央社繁昌十三日电)芜湖宣城间之重要据点湾沚镇,十三日正午卒被我某某两部全面占领。我军于拂晓开始自西南北三方向该镇市街进击。敌凭已筑工事顽抗,九时许我部队数百人冲至街中,与敌发生白刃战,敌之炮火全失效力,终于十一时许退至镇东四五里之老虎山及八斗山,尚不能确保该镇云。

(中央社繁昌十二日)敌军十一日,由芜湖向白马山增加大批援兵,敌舰两艘驶到澛港,并有小队由澛港登陆,正面与左翼同时向白马山上我军开始反攻,以猛烈之炮火轰我阵地,我山上守军以敌炮火猛烈,于十二日晚复退至山麓我原阵地扼守,竹丝港我军今晨拂晓与敌激战二小时,阵地无变化。湾沚我军十一日至十二日晨终日激战,战况剧烈。

(中央社繁昌十三日电)十二日晚,我军退守白马山麓原阵地后,十三日晨敌复向我阵地轰击,我军沉着应战,阵地屹然未动。

——原载《新华日报》1938年2月14日

芜湖敌反攻被击退,竹丝港有争夺战,江南全线我毙敌千五百余

(中央社繁昌十六日电)我军克复湾沚后,左翼之敌军阵地根本动摇,乃自南京芜湖急调大军向我进犯,十四、十五两日,敌以步骑炮联合,首向我克复之竹丝港车站攻击。该地在芜湖与湾沚之间,地势甚为重要,我所据某山地,十四日晨数小时内,竟落炮弹三百余发。同时敌并以空军协同轰炸扫射,十四日下午,我军因敌炮火过猛,曾一度退出车站,但当夜又复趁敌立足未稳之际,向敌猛烈袭击,将该车站夺回。十五日晨,敌又来攻,形势较前更猛,我将士均奋死抗御,某营长身先士卒,阻敌前进,竟以身殉,并伤亡连长数员。战况之烈,为左翼方面所仅见。竹丝港至湾沚间公路,虽亦有敌军不断袭击,但我竹丝港以东以北自张家花园、方村镇以迄湾沚之线,迄十六日晚止,

均保持原状。

（本报安庆十六日专电）竹丝港方面，今晨我军猛烈进攻，敌旋即反攻，遂发生激烈战斗。现竹丝港仍在我军固守中，湾沚附近老虎山之敌，现仍顽强抵抗，与我军进攻部队相峙中。

（中央社绩溪十六日专电）江南全线，自我与敌激战以来，十二日在芜湖、白马山、竹丝港、湾沚、长兴、吴兴、余杭、富阳各地，被我击毙击伤之部队共一千五六百名。

——原载《新华日报》1938年2月17日

芜湖敌反攻竹丝港，竹丝港湾沚我阵地转移

（中央社繁昌十七日电）芜湖竹丝港及湾沚一线，我军十七日竟日继续与敌猛战。天未黎明，敌即向竹丝港车站以重炮轰击，旋复来敌机数架助虐，而步骑兵则不敢前进，我军以苦守一点，得不偿失，乃于正午再退出车站，据守镇外一二公里之阵地。同日湾沚方面，敌亦凭老虎山、八斗山炮兵阵地，向我射击。我某团官兵猛攻该两山，抢夺敌军阵地，手刃百余人，惟终以敌方火力过大，未能占领山头，且该团忠勇将士，因三四日来之奋战，伤亡大半，不得已暂为退出湾沚，扼守□□□及□□□一带阵线。惟敌在此一线之各据点，始终不能恢复联络，且我已有大部兵力配合有力游击部队袭击芜湖侧背。

——原载《新华日报》1938年2月18日

芜湖战事仍烈，我克龙王庙奎潭，敌机在繁昌大肆轰炸

（本报安庆十八日电）芜湖方面情势转紧，我军在奎潭与敌激战甚烈，今日我左翼战事较靖。我右翼今日猛烈进攻，已收复龙王庙奎潭，双方损失均大。

（中央社繁昌十八日电）芜湖方面敌军，连日向我攻击，我军扼守青弋江、湾沚、奎漳镇、石碗镇以至漯港、高冈铺之线，与敌隔河相峙。十六日，敌以大队坦克车掩护步兵袭击我奎漳镇，双方正在激战中。十五日敌向我竹丝港终日炮击，计千余发，旋复以步兵向我冲

击,我军乃改守竹丝港后面五里之高地阵地。白马山方面,较为沉寂,敌我现在石硊镇隔河对峙。□□方面,我军突击队已冲至敌之炮兵阵地。方村镇,我军仍守河上桥杨家花园。

(中央社繁昌十八日电)敌机十七架在芜湖前线,大举骚扰,十六十七两日飞繁昌,共投十四弹,平民死伤卅余人,房屋倒塌多处,景象凄惨。十七日敌机飞南陵轰击,投廿六弹,奎漳、峨桥等镇,亦遭轰炸。

——原载《新华日报》1938年2月19日

我空军轰炸敌阵地,芜湖战事好转,登陆敌大部已被击退

(本报芜湖二十七日专电)芜湖方面,今日情势转好,敌于前昨二日,以飞机大炮掩护敌舰、派队在荻港、旧县、三山镇、螃蟹矶一带登陆,前日情势紧张,昨经我军猛烈反攻,大部已被驱逐或歼灭,迄今旧县尚有少数敌军盘踞,刻被我军包围猛攻,不难歼灭。我机数架,昨飞炸敌军阵地,敌损失颇大。又芜湖方面,正面敌我仍对峙于奎潭镇,现该镇仍在我手中。

(中央社青阳二十七日电)芜湖正面石硊镇抢渡之敌,被击退后,迄无动静。桃木渡我敌无冲突,右翼我守夫子阆阵地,今我机一队,又飞到前线大举轰炸。

(中央社青阳二十七日电)芜湖左翼我江防阵地,自敌军登陆以后,我以沿江多沙洲,现扼守峨桥、铜山、横山桥一带阵地,按敌二十六日竟日以飞机大炮猛轰我三山镇阵地。该镇化为焦土,我阵地亦完全摧毁。同时,敌军由左右二翼夹击。我忠勇将士,自二十五日晨至二十六日傍晚,浴血抗战,终以工事全毁,伤亡过多,乃于二十六日晚改守三山镇以南之铜山。又二十六日午后,敌舰七艘,拖带大小木船多艘,抵旧县镇江面,大肆炮击,其步兵在炮火掩护下,分于旧县以东五华里之高埂桥及其东又五华里之油坊咀登陆,兵力有千余之众。在高埂桥登陆者,已被我击退。至于油坊咀之敌,虽经我军抵拒,但仍顽强进至八角村、陈家村一带,我横山桥守军,正在堵截中。

——原载《新华日报》1938年2月28日

芜湖我军夜袭,曾一度逼近白马山

(中央社繁昌七日电)前线连日大雨,平地积水盈尺,我军某部于六日夜冒雨夜袭,摸索前进,越过铁路线,抵竹丝港西北之白马山,发现该处有敌一部,扎营山脚。趁敌无备,予以痛击,结果被我击毙百余人。我于敌增援反攻后,始退回。同日晚,另有我军某部夜袭奎潭镇、萧家渡,结果敌亦被我击毙卅余,我两部仅伤亡十余人。

——原载《新华日报》1938年3月8日

芜湖沿江前线,三山镇峨桥激战

(本报安庆十日专电)芜湖方面,沿江前线三山镇峨桥一带,今日上午敌我激战,下午尤为剧烈,繁昌可闻炮声。今日上午十二时,敌舰二艘,附带小船多只,驶抵荻港,旋上驶铜陵,复折返向下游逸去,未向岸上开炮。

——原载《新华日报》1938年3月11日

芜湖前线我游击队活跃,敌犯奎潭镇被击退

(本报安庆十三日电)奎潭镇一带当面之敌,系敌十九师团,师团长福田,另山炮二中队、骑兵一团,并有坦克车卅余辆,敌屡向我阵地进犯,均被我军奋勇击退。

(中央社青阳十三日电)芜湖方面,前线我军游击队,近来颇为活跃,现我有大队游击队已深入敌军后方活动。

(中央社南陵十三日电)十三日竟日,敌在芜湖上游三山镇南之老山炮兵阵地,向我铜山右侧炮击百余响,同时芜湖以南之白马山敌,亦向我石硊镇轰击数响,但步兵方面,则无接触。

(中央社青阳十三日电)此间天气虽已转晴,但久经雨雪之后,道路滞滑,因此芜湖方面战事尚沉寂。

——原载《新华日报》1938年3月14日

芜湖敌军强渡青弋江被击退

（中央社繁昌十五日电）本日午前芜湖方面之敌，强渡青弋江，向我桃木渡、奎潭镇北方面来犯，经我袭击，战达一时余，敌后退，我共毙敌廿余人。

（中央社繁昌十五日电）繁江南左翼，除芜湖南白马山之敌炮兵阵地，不时向我石硊镇炮击外，皆困守原阵地。

（中央社繁昌十五日电）本日有敌机多架，在繁昌、南陵、铜陵一带窥察，并投弹十余枚。

（中央社青阳十四日电）十三日午，横山桥敌军先行向我军阵地发炮，随后派便衣队百余人来犯，当被我军击退。

——原载《新华日报》1938年3月16日

大批敌舰离芜西上

（中央社繁昌十二日电）今日午前，有敌小型舰二十五艘、大型舰八艘、小汽艇四十一只，分三批由芜湖经薛港上游驶去。

——原载《新华日报》1938年6月13日

侵华日军在芜湖的暴行

（《新华日报》1938年—1944年摘选）

（中央社六安二日电）敌舰两艘,卅一日由芜湖驶入无为县属新沟,沿途向岸上用机枪扫射,旋又有敌舰二艘,随同开入,中途有便衣队九人登岸,用枪射毙猪两头,载回芜湖。

（中央社六安二日电）据报,盘踞芜湖之敌,原有二师团,兹因各县兵力不敷分配,近仅有步骑炮工兵千余名。步兵驻城内,骑、炮、工驻城外,并将芜湖分为九区,以敌籍军官为各区主脑。敌籍口稽查户口,随意杀戮壮丁、奸淫妇女,城乡均陷恐怖,残留民众逃避一空,弋矶山、大炮山等处有难民收容所,由外人负责主持,收容难民四五千人。

——原载《新华日报》1938年2月3日

（中央社铜陵十日电）敌近在芜湖拉夫约千名,芜湖同胞中未逃出男子,几尽被拉去,迫以各种车辆,载运米粮及箱柜等,往京转沪。芜湖新米及当地财帛,已被敌搜刮殆尽。

——原载《新华日报》1938年2月11日

（中央社繁昌十八日电）敌机十七架在芜湖前线,大举骚扰,十六十七两日飞繁昌,共投十四弹,平民死伤卅余人,房屋倒塌多处,景象凄惨。十七日敌机飞南陵轰击,投廿六弹,奎潭、峨桥等镇,亦遭轰炸。

——原载《新华日报》1938年2月19日

敌军暴行,芜湖一带村庄尽成焦土

（中央社繁昌二日电）芜湖一带敌阵地附近及其前方各村庄,均被纵火焚烧,尽成瓦砾,对我民众,割耳挖眼,尽情蹂躏。

——原载《新华日报》1938 年 3 月 4 日

敌人残杀民众

即在无为一县境内而言,在六月中,先后敌人在土桥、姚家沟、文兴洲、汤家沟四处登陆,滥行搜查,焚毁房屋,逮捕民船,枪杀民众。

敌人的飞机,在江北每天都能看到好几次,时而一架、二架、三架、七架、十架,飞得很是低矮,在当地的老百姓已成"司空见惯",满不在乎。

——原载《新华日报》1939 年 8 月 21 日

"防疫针"风潮

芜湖的敌人,最近在逼迫民众注射"防疫"毒针。凡注射"防疫针"的,才能凭证明单调换"安居证"或"通行证",我们的老百姓当然不甘心让敌人注射毒针啊!

许多人为了避免注射毒针,在偷偷地搬家;有钱的出钱买人顶替,假冒本人前往注射。苦的是一般苦力,他们被敌人强迫注射了毒针,有的全身发肿,有的不久就丧了性命,真闹得满城风雨,弄得"宣抚班"毫无办法,累得汉奸焦虑异常。

——原载《新华日报》1939 年 8 月 21 日

敌蹂躏下的皖南,奸淫掳掠惨绝人寰

（中央社屯溪廿六日电）皖南敌由沿江南岸各据点分股南窜,处处奸淫妇女,掳掠财物,即现在南京身充汉奸之原籍眷属,亦不能免。富庶村格（落）洗劫后,并被纵火焚毁,不及逃避之民众,均遭残杀,兽蹄所至,庐舍为墟,江南浩劫,惨绝人寰。廿五日,敌一股窜至钟鸣街（荻港南）附近,寇军正在纵情奸掠之际,我军突起猛击,直挥白刃斩杀,至晚至将敌六百余名悉数扑灭,并救出妇女两百余口,刻正向横山镇(繁昌北)挺进。

——原载《新华日报》1939年4月27日

敌在我沦陷区横施掠夺,华中敌加紧搜刮民粮

(中央社皖南某地二十二日电)东南敌伪以粮食恐慌达于极点,图作最后挣扎,以统制苏浙皖三省游击区之米粮为名,作进一步有计划之搜刮,将产米区划分为十四个特别区,规定禁止商人自由采购,由管理机关统一收买,其中以皖南游击区方面,尤为其搜刮之主要对象,最近敌伪为加紧剥夺皖南食粮,特在皖南设立采办处,已成立者有芜湖、当涂、湾沚、清水等处,并指定芜湖为总采办所,此外有荻港、旧县等处,亦将成立。

——原载《新华日报》1943年2月23日

敌毒化芜湖,烟馆增至四百家

(中央社皖南某地六日电)芜湖讯:芜湖之敌广设烟馆,实施毒化政策,刻芜湖烟馆已自四十余家增至四百余。其鸦片来源除由敌贩卖外,并迫令居民尽量播种,芜湖全县田地,现种植鸦片者达十分之六以上。

——原载《新华日报》1943年5月7日

(中央社皖南某地四日电)敌一部进扰黄浒镇,商店住户被掳一空,并残杀居民。

——原载《新华日报》1943年9月5日

敌图修造安庆九江间铁道

(皖南某地通讯)敌寇把安徽芜湖到湾沚间的铁道,全部拆毁。所有的铁轨,都运到安庆去。他们打算利用这些材料,建造安庆到九江的铁路。

208

——原载《新华日报》1944年5月31日

日寇虐待我国战俘。芜湖集中营千多名战俘,不堪虐待,病死自杀的很多

（中央社讯）据悉:日寇在安徽芜湖裕溪口设立的集中营,收容我战俘千多名(内有四行孤军八十八名),日寇对外虽美其名曰"劳务队",但该处战俘生活实非人类所能想象者。日寇迫令每人每天须抬煤二百箩,每箩重在二百二十斤,路程则在八十里以外。每天仅给粗饭二次,且甚少休息时间。就在狂风暴雨之际,也须照常工作。其中体力较弱,不堪虐待,因而致病者,即遭抛入江中。敌军每逢战争不利时,即任意打杀我战俘,以泄愤。其中有冯中、沈培之、王金元、王德俊、吴松林等五名,因闻我军胜利消息而狂欢,致为敌军发现,用刺刀刺死,其因不堪虐待而自尽者,也日有所闻。

——原载《新华日报》1944年6月4日

芜湖抗战轶闻集萃

《新华日报》1938年—1943年摘选

安徽南陵军民大会致全国将领电

《新华日报》转全国各战区司令长官、各集团军总司令、各总指挥暨各将士公鉴：

倭寇残暴，举国来侵。幸我前线将士，浴血抗战，籍（藉）长官筹划有力，坚持抗战，与（予）敌重创，定垂世之局，奠解放之基，冲锋作战，英勇盖世，宿露餐风，艰苦备尝。大会对于各长官各将士精忠谋国，感戴莫名，兹值抗战周年，三期抗争开始，尚望奋发神威，坚持抗战，全体军民誓为后盾，谨电致敬，并祝胜利。

南陵县第三区纪念抗战一周年军民联合大会电（七日）。

——原载《新华日报》1938年7月11日

敌官反战被害

宁国十六日电：敌军暴师国外，内部厌战思想日隆。八日，芜湖敌寇高级官佐二人，突告失踪，迄无下落。兹据猜测，该二军官或因反战关系，被敌酋杀害。

——原载《新华日报》1938年2月18日

奇异的职业

芜湖最近有着一件耐人寻味的新鲜故事，像今代传奇似的，为每个老百姓所津津乐道，那就是一种专事暗杀"大台勋"（日本军官）以发洋财的"职业"。干这项"职业"的，起始只有少数的"白相人"。最近，一般苦力胆子大一点的，大都学上了这套本领。他们每逢假期的时候,那是"大台勋"出外寻欢作乐的时候。他们就集几个人,在一定的地方守候着享乐归来的"大台勋"。他们准备了一条粗麻绳,套了一个活结,专候鬼子出来,看到四边无人(有中国人在场是没有关系的),就往"大台勋"颈子上一套,背靠背的一背,鬼子马上就断了气。于是,他们就把鬼子身上所有的钞票、金戒、手表、钢笔……通通拿走,尸身则丢弃在长江波涛中。这类事件,在芜湖,已成为敌人的一种恐怖。

我想,我们若能与这类"职业家"取得联络,引导他们到抗日的路上来,给他们一种系统的、正确的政治教育,不是更好吗?

——原载《新华日报》1939年8月21日

芜湖敌厌战官兵又有自杀

(中央社皖南某地十六日电)芜湖湾沚之敌,极度厌战。十三日晚有敌军官一人、敌兵四名同时跳江自杀,旋经敌酋发觉,打捞结果,仅获尸体三具。日军敌酋对所部监视甚严,形同囚犯。

——原载《新华日报》1941年7月17日

芜湖伪军投诚

(中央社皖南某地二十六日电)驻芜湖县境之伪军团长罗义辉,不甘为敌伪利用,毅然反正来归。罗氏业于月中率所部枪械齐全向我投诚,我已优予收容。

——原载《新华日报》1943年3月27日

(中央社皖南某地廿七日电)日前芜湖发生大混乱,是日有我某部便衣队袭入芜湖,在芜湖大阪码头和沿江路的敌军驻扎处所分别投掷炸弹多枚,当将该码头和敌驻处房屋全部炸毁,死伤敌人甚众。同日午,芜湖车站附近地雷爆炸,炸毁车头一辆及附近器材甚多,现芜湖特别戒严,敌伪恐慌万状。

——原载《新华日报》1943年10月28日